Irland

Mythen und Legenden

Bilder von
Tina und Horst Herzig

Texte von
Ernst-Otto Luthardt

ihs

Inhalt

Erste Seite:
Friedhof von St. Peter, Drogheda.
Obwohl schon vor langer Zeit in den Stein gehauen, haben diese dämonischen Gestalten bis heute nichts von ihrer furchteinflößenden Wirkung verloren.

Seite 2/3:
Bei Ballyferriter, Dingle Peninsula.
Manchmal, so die Einheimischen, höre man hier ein seltsames Wehklagen, das vermutlich von den Seelen jener irischen und spanischen Soldaten stamme, die im Jahre 1580 nicht allzu weit entfernt von den Engländern niedergemetzelt wurden.

Seite 4/5:
Glendalough.
Beide, der Rundturm und das Hochkreuz, suchen den Himmel. Doch die Perspektive täuscht. Das Kreuz endet bereits dort, wo sich erst der Einstieg in den Turm befindet – also in drei bis vier Metern Höhe. Nur im Schutz dieser starken Gemäuer bestand einigermaßen Aussicht, den Anstürmen der Wikinger zu widerstehen.

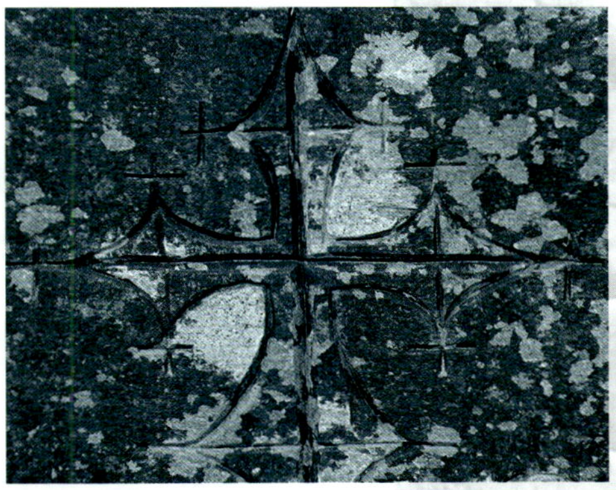

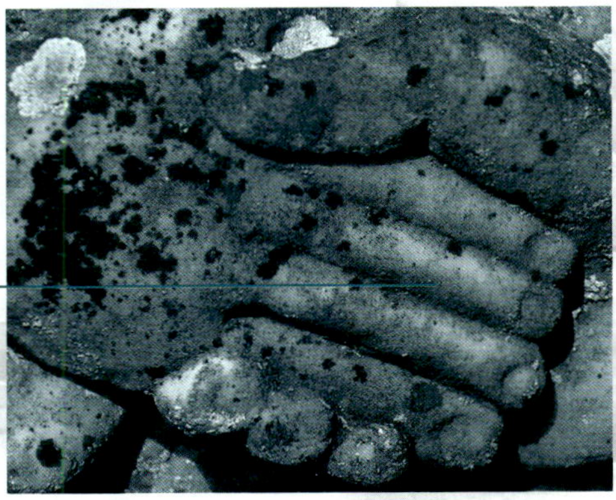

Seite 8/9:
Hill of Slane.
Der heilige Patrick in Siegerpose. Doch ganz so einfach war die Sache, sprich: die Einführung des Christentums, nicht. Immerhin musste er zuvor dem Hochkönig darüber Auskunft geben, was er eigentlich hier will. Doch als ihm die Sache aus den Händen zu gleiten drohte, griff Gott selbst ein und erledigte den ärgsten druidischen Widersacher.

Von den Verlockungen und Fährnissen der Geisterwelt

Von den Verlockungen und Fährnissen der Geisterwelt

Seite 10/11:
Dunluce Castle.
Das hoch über dem Meer thronende Felsennest gilt als schönste Ruine Nordirlands. Vorher trug der Platz bereits eine keltische Befestigung. Besiegt wurde das Castle 1639, nicht durch feindliche Truppen, sondern durch die See, die einen Teil des Felsens unterspülte und Küche samt Köche sowie einen weiteren Trakt verschlang.

Slea Head, Dingle Peninsula.
Hier, an der Südwestspitze der Halbinsel, enden alle Wege – das heißt, in diesem konkreten Fall ist es nur einer und der wird immer schmaler. Die Aussicht ist fantastisch. Und wenn man nicht gerade zu Ferienzeiten kommt, stehen die Chancen nicht schlecht, mit sich und der Welt allein zu sein.

Am allerschnellsten gelangt man natürlich mit dem Flieger auf die Grüne Insel. So unterhält zum Beispiel Lufthansa von verschiedenen deutschen Flughäfen Direktverbindungen. Preiswerter ist es allerdings, einen Zwischenstopp in London in Kauf zu nehmen und von dort nach Dublin weiterzureisen.

Denjenigen, die mit dem Auto kommen wollen, bieten sich gleich verschiedene Varianten. Die bequemste ist, in Frankreich eine der Direktfähren zu buchen. Dann ist man fast einen ganzen Tag auf See. Kürzer und billiger ist es auf alle Fälle, zunächst von Calais nach Dover überzusetzen und dann von England aus auf die Insel.

Eine andere Möglichkeit wäre die Überfahrt mit den Elfen und Geistern. Doch das ist eine echte Glaubenssache. Und außerdem nicht ungefährlich. Gilt es doch nicht nur, sich irgendwie auf Binsen, Strohhalmen, Farnkräutern oder Kohlstrünken einzurichten, sondern auch dafür Sorge zu tragen, dass man nicht loslässt.

Außerdem wäre es gut zu wissen, dass einen die meisten Geister hereinlegen wollen. Und zwar, indem sie gleich drei Arten der Beförderung anbieten: nämlich unter dem Wind, über dem Wind oder mit dem Wind. Dazu ist anzumerken, dass nur letztere etwas taugt. Denn diejenigen, die sich für die Fahrt über dem Wind entscheiden, laufen Gefahr, so hoch hinausgetragen zu werden, dass sie überhaupt nicht mehr auf die Erde zurückkommen. Und denen, die stattdessen die Variante unter dem Wind wählen, geht es im Grunde nicht viel besser – im Gegenteil. Ihrem Tiefflug stehen nicht selten Sträucher, Bäume und auch Häuser im Weg. Die Folgen daraus kann sich jeder selbst ausmalen …

Lust auf Stein

Um die vielen Megalithbauten auf der irischen Insel zu entdecken, braucht es keiner besonderen seherischen Gabe. Gehören sie doch zu jener Abteilung Mobiliar der Welt, die sichtbar und folglich jedermann zugänglich ist – weswegen sie auch unter dem Namen Realität fungieren darf.

Die ältesten dieser mehrtausendjährigen Schöpfungen sind die Dolmen, bei denen mehrere aufrecht stehende Steine von einer teils riesigen Platte überdacht werden. Wie bei der anderen Hinterlassenschaft aus dieser fernen geheimnisvollen Zeit hat man auch hier die Qual der Wahl. Das größte Hügelgrab Irlands ist jedenfalls der Browne's Hill Dolmen nahe Carlow. Seine Deckplatte ist fast 100 Tonnen schwer. Kein Wunder bei dieser Last, dass sie schon etwas aus dem Gleichgewicht geraten ist.

Auch der in der Umgebung von Boyle gelegene Drumanone Dolmen ist einen Abstecher wert. Der bekannteste und meistfotografierte freilich ist der Poulnabrone Dolmen im Burren, der in dieser bizarren, von zahllosen Kalksteinplatten übersäten Landschaft besonders geheimnisvoll wirkt.

Apropos Geheimnis: Im Dolmen von Ballybrack soll Fial, die Gattin des milesischen Fürsten Luigdeachs, begraben sein. Gestorben ist sie – laut „Buch der Eroberungen" – am Lough Currane – und zwar aus Scham darüber, dass sie nackt gebadet hatte – was nicht erlaubt war. Dazu ist anzumerken, dass ihr Gatte das Gleiche tat, jedoch von Strafe verschont geblieben ist.

Gleich 60 Megalithbauten, von denen allerdings nur wenige unbeschadet auf uns gekommen sind, finden sich nahe der Ortschaft Sligo: Carrowmore, das größte steinzeitliche Gräberfeld Irlands, umfasst sowohl Dolmen als auch Ganggräber. Letztere, bei denen die eigentliche Grabkammer (mitunter sind es auch mehrere) am Ende eines Ganges liegt, gibt es im Boyne Valley an der irischen Ostküste gleich dreimal zu bestaunen. Weltberühmt ist die mächtige Anlage von Newgrange, die sich eines Durchmessers von über 90 und einer Höhe von fast 11 Metern rühmen darf. Die steinzeitlichen Meister wollten jedoch ihr Werk nicht nur gigantisch, sondern auch schön haben. So ritzten sie dem Stein fantastische Spiralen und andere Ornamente ein.

Kein Wunder bei derlei Monumentalität und künstlerischem Aufwand, dass hier der Andersweltsitz des großen Dagda vermutet wird. Denn bis jetzt gibt es keine vernünftige Antwort auf die Frage, wer hier – Newgrange wird auf 3200 Jahre

Am Wicklow Gap.
Dieser eigenartige, in der Mitte entzweigebrochene Stein findet sich an einer jener beiden Passtrassen, die die Wicklow Montains in Ost-West-Richtung überqueren. Er ähnelt sehr den berühmten „Fingersteinen", die auf Fionn mac Cumhaill zurückgeführt werden. Wer weiß, vielleicht hat der alte Haudegen auch hier seine Hand im Spiel gehabt ...

Rock of Cashel.
Einst bauten die Könige von Munster ihre Residenz auf diesem Kalksteinfelsen, der die Ebene von Tipperary weithin überragt. Aenghus wurde hier im Jahre 450 vom heiligen Patrick höchstpersönlich getauft. Zwar begegnet man hier oben auch heute noch Heiligen, aber nur in Stein.

vor Christi Geburt datiert – und an den vielen anderen Megalithbauten seine Lust auf Stein so aufwändig, ja exzessiv ausgelebt hat. Auch: Wie es gemacht wurde. Jedenfalls ist unter diesen Umständen die Beteiligung von Göttern oder anderen Wesen aus der Anderswelt nicht mehr oder nicht weniger überzeugend als alle bislang vorliegenden Theorien und Hypothesen.

Die Anderswelt

Spätestens an dieser Stelle ist es angebracht, über etwas nachzudenken, was es nicht geben darf. Nachdem sich die Wissenschaft, für die lange Zeit nur Sicht- und Fühlbares als Realität galt, mit der Entdeckung der Röntgenstrahlen selbst gründlich widerlegt hat, scheint die Hoffnung berechtigt, dass auch die aktuelle Definition von Wirklichkeit nicht die letzte sein wird...

Die ersten schriftlichen Überlieferungen über die geheimnisvolle Parallelwelt stammen von irischen Mönchen, die sich zwischen dem 6. und dem 12. Jahrhundert der Mühe unterzogen haben, sie auf die Kuhhaut = Pergament zu bringen. Bei aller Anerkennung dieser kulturellen Großtat geschah dies nicht zuletzt aus einem gewissen Eigennutz und nicht ohne kleine und manchmal größere Schwindeleien. So wurden den Texten Zutaten der christlichen Religion untergejubelt und etliche heidnische Gestalten, die das Volk noch immer verehrte, ins Negative verfälscht.

Im Mittelpunkt der drei großen Sagenzyklen stehen die frühe Besiedelung der Insel (Buch der Eroberungen) sowie die heldischen Abenteuer Cúchulainns (Munster, Nordirland) und Fionn mac Cumhaills (Südirland).

Bei den ersten, die irischen Boden betreten haben, soll es sich um eine merkwürdige Gesellschaft aus fünfzig Mädchen und drei Männern gehandelt haben, die von einer Frau angeführt wurde. Ihnen folgte ein gewisser Partholón mit seinen Leuten, die jedoch – bis auf einen – von einer Seuche hinweggerafft wurden. Sein Nachfolger war Nemed mac Agnomain, der sich, wie schon Partholón, mit den Fomoriern – einarmigen, einbeinigen und einäugigen Scheusalen – herumzuschlagen hatte und deshalb wieder das Weite suchte. Nach ihnen kamen, als vierte, die Fir Bolg, denen dann nach 37 Jahren die göttlichen Tuatha Dé Danann nachfolgten. Diesen gelang es, in zwei blutigen Schlachten die Fomorier zu vertreiben. Später wurden sie jedoch selbst von den Milesiern (Gälen), einem aus dem heutigen Spanien kommenden keltischen Volk, so massiv bedrängt, dass ihnen nichts anderes übrig blieb, als sich in die Anderswelt zurückzuziehen. Diese dürfte also seit ungefähr 2400 Jahren existieren.

Bekannt wurde sie unter gleich mehreren Namen, die recht aufschlussreich sind: „Land der ewigen Jugend (oder des Lebens)“, „Land der Frauen“, „Land unter den Wellen“ oder auch „Land der Verheißung“. Letztere Benennung klingt nicht nur verdächtig christlich, sie ist es auch wirklich. Sie geht auf den heiligen Brendan zurück. Doch das ist schon wieder eine andere Geschichte ...

Zeit-Rechnungen

In den alten irischen Legenden gehen die Uhren anders. Das heißt, die Zeit besitzt Dimensionen, denen mit den üblichen Rechnungen nicht beizukommen ist. So spielt die lineare Abfolge Vergangenheit, Gegenwart, Zukunft überhaupt keine Rolle. Danach ist auch vorher. Und vorher danach.

Die Sache klingt nicht nur ziemlich kompliziert, sie ist es auch. Das verdeutlicht zum Beispiel jene Geschichte, bei der Fionn mac Cumhaill bei einem Bad am Slieve Gullion zum Greis alterte. Schuld daran war eine Andersweltfrau, die jedoch dem Helden seine Jugendkraft wieder zurückgeben musste. Und als dieser noch einen Fisch verspeiste, brauchte er nur seinen Finger in den Mund zu stecken, um nicht nur Vergangenes, sondern auch Zukünftiges vor sich zu sehen.

Auch Oisín, sein Sohn, hatte ein Zeiterlebnis der besonderen Art. Nachdem er mit seiner Frau Niamh „Chinn Oir“ 300 Jahre im Land der Jugend zugebracht hatte, packte ihn das Heimweh. Für die Reise in seine Heimat stellte ihm Niamh ihr Zauberpferd zur Verfügung. Warnte ihn jedoch eindringlich davor, den Rücken des Tieres zu verlassen und den Boden Irlands zu betreten. Doch als plötzlich der Sattelgurt reißt, kommt es im wahrsten Sinne des Wortes zum Absturz. Durch

Cong Abbey.
Eigentlich recht einfach, aber vielleicht gerade deshalb so beeindruckend: Aus der Verbindung von Horizontale und Vertikale entsteht das Kreuz als Sinnbild des christlichen Glaubens.

Jerpoint Abbey.
Architektonischer Höhepunkt dieses im 12. Jahrhundert gegründeten Klosters ist der Kreuzgang. Der fantastische Figurenschmuck der Zwillingssäulen ist für den strengen Zisterzienserorden ungewöhnlich. Tummeln sich doch hier nicht nur Kirchen-, sondern auch Rittersleute. Am beeindruckendsten freilich sind die Fabelwesen.

die Berührung Oisíns mit der Erde war es mit seinem Höhenflug – sprich ewige Jugend – vorbei und er alterte augenblicklich zu einem halbblinden Greis.

Im Gegensatz dazu haben es die aus der Anderswelt in Sachen ewige Jugend viel leichter. Sie müssen nur auf der „Fled Goibnend" geheißenen großen Fete ein bestimmtes Gebräu trinken, dessen geheimnisvolle Ingredienzien allein der für diese Zusammenkunft namensgebende Schmied Goibniu kennt.

Noch unglaublichere Wunderdinge werden von Étain Echraide berichtet, die nicht nur der Zeit gebieten, sondern auch ihre Gestalt beziehungsweise Existenz verändern kann. Von ihrer Vorgängerin als Ehefrau Midirs in einen Schmetterling verwandelt, erblickte sie nach exakt 1012 Jahren zum zweitenmal das Licht der Welt. Geboren von Ètars Gattin, der das Tierlein zuvor in den Mund geflogen war. Der Verwandlungen und Zeitsprünge noch nicht genug, fertigte Midir von Étain gleich 50 völlig identische Kopien. Doch das war auch nötig, denn Eochaid Airem, dem die Vielbegehrte zwischenzeitlich ehelich verbunden gewesen war, ließ nichts unversucht, sie zurückzugewinnen.

Angesichts jener Eskapaden von Zeit und Materie muss an dieser Stelle ausdrücklich an Herrn Einstein erinnert werden. Bekannte der doch, zur allgemeinen Verwunderung seiner Kollegen und der Öffentlichkeit, dass er, wenn er wüsste, was Zeit ist, Uhrmacher geworden wäre.

Die Last, ein Heiliger zu sein

Die Gälen teilten das Land in rund 150 Herrschaftsgebiete auf. Sitz der Hochkönige und der Druiden, der gelehrten Priesterschaft, war der Hill of Tara. Warum sie im fünften Jahrhundert gewissermaßen Hals über Kopf zum Christentum überliefen, ist bis heute ein Rätsel. Offenbar war der heilige Patrick, der ab dem Jahre 432 die Missionierung betrieb, wirklich so ein außergewöhnlicher Typ, wie uns die – später gestrickten – Legenden Glauben machen wollen. Dass er die alte Religion und das Wissen der Druiden nicht mit Stumpf und Stiel ausrotten, sondern – wo es ging – integrieren ließ, spricht für diese These. Und das dürfte auch der Grund sein, warum gerade in Irland die gälische Sprache und Kultur bis heute weiterleben.

Nachdem Patricks Kollege Brendan in Irland mehrere klösterliche Gemeinschaften ins Leben gerufen hatte – darunter die berühmte Abtei Clonfert – war sein missionarischer Eifer noch immer nicht gestillt. Reisen zu den schottischen Inseln und nach Wales sollten nur der Auftakt sein für eine ungleich längere und gefährliche Unternehmung – nämlich die Fahrt übers Meer ins „Land der Verheißung“.

Das Schiff war zwar relativ klein, aber durchaus seetüchtig. Es bestand aus einem hölzernen Rahmen, der mit einer Haut aus Leder bespannt war. Erfinder dieses ersten Faltbootes waren übrigens die Wikinger, die also – entgegen weitverbreiteter Meinung – die von ihnen heimgesuchten Völker nicht nur das Fürchten gelehrt haben.

Quin Abbey.
Bevor die Franziskaner kamen und ein Kloster errichteten, stand hier die Burg eines Clanchefs, die aber schon Ende des 13. Jahrhunderts zerstört wurde. Knapp 150 Jahre später machten dann die Mönche diesen Ort des Krieges und der Zerstörung zu einem des Friedens.

Nachdem Brendan und seine Gefährten ganze fünf Jahre den Atlantik abgesucht hatten, fanden sie auch wirklich die gesuchte Insel – man denkt heute an Neufundland –, durften sie jedoch nicht betreten. Denn die heilige Erde des Eilandes duldete kein Boot auf ihrem Rücken, für dessen Bau Tierblut geflossen war. So blieb den Seefahrern nichts anderes übrig als umzukehren. Doch sie kamen wieder, diesmal mit hölzernen Booten, und wurden im Land ohne Sünde und Tod von Engeln willkommen geheißen. So geschehen um die Mitte des 6. Jahrhunderts.

Die „Navigatio“, wie der rund 200 Jahre später erschienene Bericht über die wundersamen Seereisen betitelt wurde, avancierte rasch zum Bestseller. Immerhin versprach er das Paradies. Das war sogar bis ins 18. Jahrhundert hinein auf diversen Seekarten verzeichnet. Demnach müsste der Entdecker Amerikas nicht Leif Erikson oder Christoph Kolumbus, sondern Sankt Brendan heißen.

Legendäre Glaubensstätten

Die ersten mönchischen Gemeinschaften folgten dem Vorbild keltischer Stammesstrukturen. Aus Fürsten wurden Äbte. Statt des lauten Hoftreibens suchte man nun die Einsamkeit. Am konsequentesten der heilige Finan, der sich im 6. Jahrhundert mit seinen Leuten auf einem winzigen Felseneiland vor der irischen Südwestküste festsetzte. Dort, auf Skellig Michael, fühlten sich die Mönche Gott ganz besonders nahe. Bis sich im 13. Jahrhundert bei ihnen die Überzeugung durchsetzte, dass es dem lieben Gott nicht mehr zuzumuten sei, sein irdisches Personal ständig frieren und auf alle noch so bescheidenen Bequemlichkeiten verzichten zu sehen.

Im Gegensatz zu den Mönchen erwiesen sich die von ihnen errichteten Bauwerke als standhafter. Obwohl man inzwischen die zum Vogelschutzgebiet deklarierte Insel nicht mehr betreten darf, sind die runden steinernen Behausungen und die zwei Betzellen sowie jene in den Fels geschlagene, Schwindel erregende „Himmelsleiter" auch vom Boot aus gut zu erkennen.

Die größten und bedeutendsten frühen Klostersiedlungen waren Glendalough und Clonmacnoise. Letztere wurde um 550 durch den heiligen Ciarán gegründet und entwickelte sich schon bald zur ersten Adresse in Sachen Gelehrsamkeit und Kunstfertigkeit. So entstanden hier nicht nur bedeutende Handschriften, wie zum Beispiel das Book of the Dun Cow (12. Jahrhundert), sondern auch großartige Kultgegenstände. Blickfang von Clonmacnoise sind die Ruine der Kathedrale sowie gleich zwei jener Rundtürme und drei jener Hochkreuze (darunter das zu den schönsten und besterhaltenen des ganzen Landes zählende „Cross of the Scriptures"), die den mittelalterlichen irischen Klosteranlagen ihr unverwechselbares Gepräge verleihen. Während die Türme der Beobachtung und Verteidigung dienten, stehen die Hochkreuze für Frömmigkeit und Bekehrung. Dem entspricht auch das Bildprogramm. Die frühen Kreuze wurden fast ausschließlich mit Ornamenten geschmückt, ab dem 8. Jahrhundert überwogen dann figürliche Darstellungen.

Einen besonders großen und schönen Rundturm hat Glendalough. Er stammt aus dem 10. Jahrhundert und ist 31 Meter hoch. Obwohl auch die andere bauliche Hinterlassenschaft, darunter verschiedene Kirchen sowie die originelle Bienen-

Stamullen, Friedhof. *„Wenn ich von euch gegangen bin, singt keine traurigen Lieder. Pflanzt keinen Baum auf mein Grab. Mir genügt das grüne Gras, das der Regen nährt und der Tau liebkost. Schön wäre es, wenn ich in euerer Erinnerung bliebe. Aber es ist auch kein Unglück, wenn ihr mich vergesst." – lautet ein alter irischer Sinnspruch.*

korbhütte, die dem Klostergründer Sankt Kevin als Zelle gedient hat, nicht gering zu schätzen ist, rührt der besondere Reiz der Anlage aus ihrer überaus romantischen Lage inmitten von zwei Seen.

Übrigens: Unter den großen Heiligen der Insel ist nur eine einzige Frau, was, in Anbetracht dessen, dass die erste Eroberung Irlands von einer reinen Frauentruppe bewerkstellig wurde, doch ein wenig nachdenklich stimmt.

Geheimnisse der alten Handschriften

Der Cathach, so der Name des frühesten Zeugnisses großer irischer Buchmalerei, wird mit dem heiligen Columba in Verbindung gebracht. Seine Entstehung reicht ins sechste Jahrhundert. Danach war er im Besitz von Columbas Familie, den O'Donnels, und wurde von denen als Talisman zu diversen militärischen Unternehmungen mitgeschleppt (daher auch die Benennung cathach = Krieger). Lange in einem Schrein verborgen, kam er erst nach dessen Öffnung im Jahre 1813 wieder ins Gespräch. Die Krieger-Handschrift hatte dem Zahn der Zeit jedoch nicht halb so viel Widerstandskraft entgegengesetzt, wie ihr Name vielleicht vermuten ließe. So bedurfte es enormer

Kloster Kells.
Wie die Legende berichtet, wurde hier die auf der Insel Iona begonnene und später so berühmte Handschrift – das „Book of Kells" – zu Ende gebracht. Sehenswert sind, neben dem Rundturm, vor allem die drei Hochkreuze, St. Columba's House und der alte Friedhof. Hier gibt es nicht nur biblisches Figurenwerk, sondern auch – steinerne – Pflanzen und Bäume zu entdecken.

Anstrengungen und großen Könnens seitens der Restauratoren, um sie wieder in einen passablen Zustand zu bringen. Aufbewahrt wird sie in der Bibliothek der Royal Irish Academy in Dublin.

Ebenfalls in der irischen Hauptstadt, und zwar in der Bibliothek des Trinity Colleges, befindet sich das Book of Kells, die schönste und berühmteste Handschrift. Vermutlich Ende des 8. Jahrhunderts auf der heute zu Schottland gehörenden Klosterinsel Iona begonnen, soll sie vor den Wikingern in das irische Kloster Kells in Sicherheit gebracht und dort vollendet worden sein. Gott sei Dank hatte der Dieb, der sie dort im Jahre 1007 entwendete, nur an dem kostbaren Einband Interesse, weswegen er auf seiner Flucht das Innenteil wegwarf. Immerhin dauerte es bis zum 17. Jahrhundert, ehe die Odyssee ein Ende und die Handschrift einen sicheren Platz fand.

Um das Book of Kells zur Gänze zu sehen, müsste man allerdings 340 mal in das Trinity College kommen. So viele Seiten zählt es nämlich. Und jeden Tag wird eine andere aufgeblättert.

Der Forschung zufolge waren wahrscheinlich vier geniale Künstler an dem einzigartigen Kunstwerk beteiligt. Sie haben Schrift und Malerei als Einheit begriffen und dementsprechend umgesetzt. Eingeleitet werden die Textabschnitte – es handelt sich um die vier Evangelien – durch jeweils eine reichverzierte Initiale. Dabei tritt der Buchstabe fast in den Hintergrund und das über und über mit Ornamenten, Menschen und Tieren voller Symbolik und verschlüsselter Botschaften geschmückte Bild entwickelt ein geheimnisvolles Eigenleben. Deshalb kann es auch nicht wundern, wenn einige dieser Bilderrätsel noch einer Lösung harren. Besonders viele Fragen geben die beiden am üppigsten verzierten Seiten auf – mit jenem seltsamen Kreuz, das mit gleich acht Kreisen geschmückt und von dem kein vergleichbares Gegenstück bekannt ist. Auch weiß man bis heute nicht, was der Otter soll, der einen Fisch jagt, welcher eigentlich das ganze Buch hindurch für Christus steht. Noch mysteriöser sind freilich die beiden großen Katzen, denen je eine Maus auf dem Rücken herumturnt.

Stellt sich nur die Frage, ob das zum Lachen, ein Scherz etwa, oder vielleicht etwas zum Fürchten ist?

Geister sterben nie

Während die frühen irischen Heiligen-Äbte praktisch noch schalten und walten konnten, wie sie wollten, wurden ihre Nachfolger von Rom immer enger an die Kandare genommen. Denn mit dem Abschluss der Missionierung war auch jene Zeit vorüber, da in der Kirche unerschrockene und kreative Selfmademen – wie die Iren es zweifellos waren – gebraucht wurden. Stattdessen kamen jetzt Kirchenfürsten ans Ruder, die das Erreichte verwalten und festigen sollten. In diesem Sinne wurden sie ihren weltlichen Kollegen zunehmend ähnlicher. Bei beiden begann Äußerliches, Repräsentation und Selbstdarstellung eine immer

Jerpoint Abbey.
Die dreischiffige Kirche des Zisterzienserklosters birgt eine ganze Reihe sehr qualitätvoller Grabmäler, darunter auch das des Bischofs O'Dulany. An ihren Sockeln halten die so genannten Weepers – sechs weinende beziehungsweise klagende Heilige – die Totenwacht.

größere Rolle zu spielen. Neue, größere Kirchen entstanden und die alten Castles wurden zu komfortablen Schlössern umgebaut.

Im Gegensatz zu den Menschen zeigten sich die Wesen aus der Anderswelt von dieser Entwicklung, die durch die britische Kolonisierung Irlands und den Streit zwischen Katholiken und Protestanten noch an Brisanz hinzugewann, relativ unbeeindruckt. Allenfalls um die alten Gottheiten wurde es etwas stiller, während sich dagegen Feen und Elfen bis heute unverminderter Popularität erfreuen. Einer ihrer bevorzugten Aufenthaltsorte ist zweifellos die alte Grafschaft Mayo. Und am wohlsten scheinen sie sich auf den Aran-Inseln zu fühlen. Und das liegt in erster Linie an ihren Bewohnern. Diese machen nämlich *„keinen Unterschied zwischen dem Natürlichen und Übernatürlichen"*, erkannte ganz richtig der irische Dramatiker John Millington Synge, der die abgelegene Welt der Eilande vor rund 100 Jahren bereist und darüber einen literarischen Bericht voller fantastischer und unheimlicher Geschichten verfasst hat.

Bliebe noch anzumerken, dass auch die irischen Gespenster keinen Grund zur Klage haben und sich ihres Publikums sicher sein können.

Rock of Cashel.
Neben den großen, herausragenden Bauwerken – wie die Kathedrale oder Cormac's Chapel, die der Rock of Cashel trägt, erzählen die umliegenden Gräber die Geschichten dieses für Irland so wichtigen Ortes, an dem sich über Jahrhunderte hinweg die höchste weltliche und geistliche Macht konzentrierte.

Das ist ganz wichtig, weil die größte Gefahr für die Wesen aus anderen Welten und Zeiten aus dem Sieg der Vernunft über den Instinkt und der daraus erwachsenden Unfähigkeit resultiert, sie überhaupt noch wahrzunehmen.

Darüber, wie so etwas im schlimmsten Falle ablaufen kann, weiß ausgerechnet das berühmteste Gespenst der Weltliteratur ein Lied zu singen. Erinnern wir uns: Ein reicher Amerikaner, der Schloss Canterville (das liegt in England; dafür ist Oscar Wilde, der Autor der Geschichte, Ire) gekauft hatte, wollte das dortige Gespenst gleich miterwerben. *„Ich komme aus einem Land, wo wir alles haben, was mit Geld zu bezahlen ist und ich meine ... gäbe es wirklich noch ein Gespenst in Europa, wir dieses in allerkürzester Zeit drüben haben würden, entweder bei Barnum oder auf dem Jahrmarkt."*

Seite 22/23:
Bantry House.
In dem von einem prächtigen Garten umgebenen Herrenhaus wurde ein Teil von Daniel Defoes Roman „Moll Flanders" verfilmt. Dessen Hauptfigur, die „zwölf Jahre Dirne war, fünfmal heiratete, darunter ihren Bruder, zwölf Jahre lang stahl, acht Jahre lang deportierte Verbrecherin in Virginien war, schließlich reich und ehrbar wurde", ist zweifellos eine der schillerndsten Frauengestalten der Weltliteratur.

Zwischen Traum und
Das Geheimnis der Landschaft

Zwischen Traum und

Das Geheimnis der Landschaft

Seite 24/25:
Glendalough, Upper Lake.
Obwohl der See zusammen mit dem Lower Lake in die berühmte Klosteranlage eingebunden und also auch Gegenstand des touristischen Interesses ist, gibt es durchaus Gelegenheit, die erhabene, stille Schönheit des Ortes zu erleben.

Hill of Slane.
„Ein Baum spricht: Meine Kraft ist das Vertrauen. Ich weiß nichts von meinen Vätern, ich weiß nichts von den tausend Kindern, die in jedem Jahr aus mir entstehen. Ich lebe das Geheimnis meines Samens zu Ende, nichts anderes ist meine Sorge. Ich vertraue, dass Gott in mir ist. Ich vertraue, dass meine Aufgabe heilig ist. Aus diesem Vertrauen lebe ich.“
(Hermann Hesse)

Vor einigen Monaten war ich auf dem kahlen Hügel von Allen... Die Sonne schien heiß auf den blühenden Stechginster und das blütenlose Heidekraut. In jede Richtung, außer im Osten, wo grüne Bäume und in der Ferne auch Hügel zu erkennen waren, sah ich den weiten Horizont, das braune, sumpfige Land mit hier und da ein paar grünen Flecken und dann das Glitzern des Wassers. Wäre ich nicht am frühen Nachmittag gekommen, sondern zur Dämmerstunde und wären nicht die Schatten der Wolken, sondern jene Nebelschwaden über das Land gezogen, hätte ein Empfinden wach werden können... ein Empfinden des Geheimnisvollen, das nicht wie bei den gotischen Völkern aus dem Alpdruck der Nacht aufsteigt, sondern aus der Weite der Landschaft und ihrem schnell wechselnden, flüchtigen Licht“, erinnerte sich der bekannte irische Schriftsteller William Butler Yeats (1865 – 1939), der viel zur Renaissance irisch-keltischer Traditionen beigetragen hat.

Und auch sein deutscher Kollege Heinrich Böll, zurückhaltender in seinen Emotionen, wähnte sich auf der Grünen Insel im Wunderland: „*... hier könnte das Märchen von den Sterntalern spielen*“, heißt es in seinem „Irischen Tagebuch“.

In der Tat verwirrt diese Landschaft bis zur seligen Trunkenheit. Bringt Gefühle und Verstand durcheinander. Löscht überkommene Muster, sprengt Fesseln, öffnet verschüttetes Bewusstsein, bringt verborgene Sichten, überschreitet Grenzen, verknüpft Traum und Wirklichkeit.

Irland – das ist eine große Bühne, auf der sich das Land, der Himmel und das Meer treffen. Andere Akteure braucht es nicht. Ihr großes Schweigen dröhnt in aller Ohren. Der Himmel jagt, das Meer tobt. Nur das Land hält sich an sich selbst fest – von einer Ewigkeit zur andern.

Unfassbar das Geheimnis dieser Landschaft. Und immerwährend offenbar auch: „*Ich weiß, dass die Himmel niemals untergehen werden*“, versicherte der keltische Sänger Taliesin schon vor rund 1500 Jahren. Und weiter: „*Ich kenne alle vier Elemente, aber ihr Zweck entzieht sich mir ... Ich weiß, welch unbegreifliche Macht in den Gezeiten des Meeres schlummert. Doch warum das Herz der Sonne rot ist, weiß niemand.*“

an talamh – Das Land

Seite 28/29:
Bei Murroogh.
Für viele Irland-Fans ist der Burren die mystischste Landschaft der ganzen Insel. So weit das Auge reicht, Stein und noch einmal Stein: Platten vor allem und in den verschiedensten Ausfertigungen. Dazwischen aber auch mächtige Steinklötze. Hier einzelgängerisch, dort in Gruppen. Und wenn der Wind sich an ihnen reibt, hört man sie rätselhafte Laute raunen.

Am Lough Corrib.
Der nördlich der Galway Bay gelegene See ist mit einer Länge von mehr als 45 Kilometern der größte der Republik Irland. Im „Buch der Eroberungen" wird berichtet, dass hier Manannán mac Lir, der „Sohn des Meeres", von einem Enkel König Nuadus getötet wurde. Als man die Gottheit begrub, soll plötzlich Wasser aus der Erde gedrungen und der See entstanden sein.

Im Burren.
Die Matrix der Erde wurde schon lange vor der Anwesenheit des Menschen geprägt. Wären wir klug, woran zu zweifeln ist, würden wir sie nicht ignorieren, sondern ihr folgen. Träger dieser elementaren Botschaften ist auch der Stein, der uns unter anderem lehrt, dass auch die scheinbar größte Beständigkeit nur relativ und eine Frage der Zeit ist.

Zeit haben der Regen und das Wasser mehr als genug. Jedenfalls setzen sie – im Bunde mit der Hitze der Sonne und der Kälte des Windes – dem Stein beharrlich zu. So wird aus einer kleinen eine große Fuge. Ein Spalt gar, der immer weiter auseinander geht und dabei selber Spannungen produziert, die das Werk der Zerstörung noch beschleunigen.

Am Ring of Kerry bei Portmagee.
Im Wald bei Killarney.
Urvater unserer Bäume, so die Legende, war ein mächtiger Baum, der Erde, Unterwelt und Himmel verbunden hat. Er war Quelle allen Lebens. Zwischen seinen Wurzeln wanden sich Schlangen, auf seinen Zweigen saßen Vögel, in seiner Krone aber hatten die Götter ihre Heimstatt.

Im Wald bei Killarney.
Der heilige Bernhard von Clairvaux (um 1090–1153), der nicht nur den Zisterzienserorden, sondern auch die mittelalterliche Mystik begründet hat, war sich absolut sicher: „Du wirst mehr in den Wäldern finden als in den Büchern. Die Bäume und die Steine werden dich Dinge lehren, die dir kein Mensch sagen kann.“

Torc Waterfall.
Das Gebiet um den 530 Meter hohen Torc Montain ist eines der schönsten im 10 000 Hektar großen Killarney National Park. Zu den vielen landschaftlichen Höhepunkten zählt auch der Torc-Wasserfall, der sich 18 Meter in die Tiefe stürzt. Wie der Name des Quellsees – The Devils's Punch Bowl – beweist, treibt hier der Teufel sein Unwesen.

Lady's View.
Die Namensgeberin dieses wirklich lohnenden Aussichtspunktes im Killarney-Nationalpark war weder teuflisch, noch heilig, sondern königlich. Dank der Hofchronisten wissen wir, dass keine geringere als Königin Victoria – nebst Hofdamen – angesichts der urtümlichen Schönheit der Landschaft ins Schwärmen geraten ist.

Lough Kylemore.
Am Anfang war hier nur das Wasser. Vor knapp 150 Jahren kam dann ein Schloss hinzu, das seither der Natur die Show stiehlt. Am frühen Morgen jedoch, bevor die ersten Touristen eintreffen, oder am Abend, nachdem sie das Feld wieder geräumt haben, hat der See noch eine Chance, wahrgenommen zu werden – wie er seine Wellen an das Ufer wirft und in seinem Spiegel den Himmel einfängt.

an neamh –
Der Himmel

Bei Strandhill.
„Ich beginne diesen Tag mit der Kraft des Himmels“, heißt es in einem alten Schutzzauber, der dem heiligen Patrick zugeschrieben wird. Der weitere Fortgang der Beschwörung verrät, dass er sich keineswegs an Gott gewandt hat, sondern an die Sonne, den Mond, den Blitz und den Wind, also an die elementaren Kräfte der Natur.

Nichts verändert sich in Irland so schnell und so gründlich wie der Himmel. Streng genommen müsste man sagen, es gibt nicht nur einen, sondern viele: Den von Jimmy und Edna zum Beispiel, aus Clifden. Die kennt wahrscheinlich niemand, gleichwohl sie oft – vor ihrem Haus sitzend – die über sie hinwegjagenden Wolken verfolgen und ihnen ihre Träume hinterherschicken. Dann den Himmel der Fischer, die dessen Zeichen bei Gefahr deuten können müssen. Oder den Himmel der Heiligen, von dem diese ihre Wunderkräfte bekommen haben. Nicht zu vergessen jenen Himmel, in dem – bis zu ihrem Fall – die Teufel und Dämonen zu Hause gewesen sind. Doch wer weiß, was in der Nacht geschieht, wenn all diese verschiedenen Himmel wieder ineinander übergehen …

„Das Motorengeräusch der heimfahrenden Gäste entfernt sich auf Lichter zu, die im Moor verstreut liegen, an schwarzen Hängen, die schon im tiefen Schatten liegen, während es am Strand und über der See noch hell ist; langsam nur schiebt sich die Kuppel der Dunkelheit auf den Horizont zu, schließt dann den letzten Spalt im Gewölbe ...“
(Heinrich Böll: „Irisches Tagebuch“)

Dingle Peninsula.
Von der Dingle-Halbinsel geht der Blick hinüber zu einem weiteren, südlich gelegenen Finger jener Riesenhand, die im Südwesten Irlands weit ins Meer greift. Es handelt sich um die Halbinsel Iveragh, die auf ihrem Rücken den berühmten „Ring of Kerry" trägt.

„Mögest du bei allem, was dir widerfährt, immer auch ein helles Stück Himmel über dir haben" – heißt es in einem alten irischen Segen.

Am Strand von Rosbeg.
„Der Falke trug den Sohn des Bauern hinauf bis in die Wolken. Als es mit dem Vorrat an Fisch zuende ging, mit dem er den Vogel gefüttert hatte, befahl ihm dieser, er möge einen Streifen aus seiner Wade schneiden und ihm in den Schnabel stopfen. Doch das reichte nicht, um den Falken bei Kräften zu halten. Das heißt, es bedurfte noch eines Stückes der anderen Wade ...“ (Aus dem Märchen „Diarmuid mit dem roten Bart“)

Irland – Residenz der Unsterblichen

Die irische Insel umfasst eine Fläche von knapp 85 000 Quadratkilometern. Davon entfallen rund 14 000 auf das britische Nordirland. Die größte Nord-Süd-Ausdehnung misst fast 500, die zwischen dem Westen und dem Osten nicht ganz 300 Kilometer. Wer das Spiel des Meeres mitmachen wollte, sprich: die vielfach eingeschnittene Küstenlinie bis in den kleinsten Winkel ablaufen, müsste 3200 Kilometer auf sich nehmen.

Die beeindruckende Naturszenerie würde auf alle Fälle die Mühsal entschädigen. Denn hier finden sich die höchsten Klippen Europas. Im Gegensatz dazu halten es zahlreiche Buchten und Strände lieber mit dem Sand und der Horizontale. Doch letztere ist in der Nähe der Küste hoffnungslos unterlegen. Stattdessen bestimmen Gebirgszüge das Bild der Landschaft. Der Carrantuohill und die Macgillycuddy's Reeks sind immerhin dem Himmel fast 1050 Meter näher als das Meer. Während im Nordosten der Insel größtenteils der Basalt regiert, bestehen die Wicklow Mountains, im Südosten, vorwiegend aus Granit, die Berge im Süden indessen sind aus rotem Sandstein gemacht. Auch der Karst unterhält eine irische Berg-Dependance. Sie trägt den Namen Burren und findet sich in der westlich gelegenen Grafschaft Clare. Bliebe noch zu erwähnen, dass sich hier nicht nur die Menschen, sondern auch zahlreiche Hügel und Erhebungen einzelgängerisch geben. Kegelförmig zumeist, findet man sie in Donegal, Mayo und Connemara besonders häufig.

„Wer macht kund die Stelle, wo die Sonne kauert, wenn nicht ich?" – fragt der legendäre Druide und Sänger Amergin in dem vielzitierten Gedicht, welches er bei der Landnahme vorgetragen hat.

Wende dein Antlitz der Sonne zu und deinen Rücken dem Sturm. (Irisches Sprichwort)

Tuatha Dé Danann

Zurück zum Kalkstein. Aus ihm ist auch ein großer Teil der Ebenen des Zentralen Tieflandes gemacht. Für deren blaue Äderung sorgt im Westen das ausgedehnte Fluss- und Seengebiet des Shannon und im Osten der Boyne.

Die Wissenschaft weiß von mindestens zwei Eiszeiten, denen die Insel ihr heutiges Aussehen verdankt. Doch das ist vielleicht nur die halbe Wahrheit und die andere, dunkle wollen wir nicht mehr so recht glauben. Immerhin haben sich die gelehrten mittelalterlichen Schreiber nicht gescheut, sie Schwarz auf Weiß festzuhalten. So zum Beispiel, dass Sionnain, namensgebend für den Shannon-Fluss, und Boand, die für sein westliches Gegenstück Boyne steht, zu den unsterblichen Tuatha Dé Danann gehören und dass die Entstehung der meisten Seen eine wundersame Ursache hat. So soll der Lough Gur auf die Sonnengöttin Áine zurückgehen, während man für den Lough Neagh das riesige Pferd von Oengus, dem Sohn von Dagda und Boand, verantwortlich macht. Dem Lough Corrib hingegen soll ein gemeiner Mord zur Entstehung verholfen haben. Als man nämlich den Toten begraben wollte, habe die Erde auf einmal Wasser ausgespien.

Wie nicht anders zu erwarten, haben die Tuatha Dé Danann auch bei den Hügeln und Bergen ihre Hände im Spiel. Sie nutzen sie als Standort ihrer Andersweltresidenzen.

Dazu noch ein Tipp: Um sich ein Bild von den aufregenden Kurven einer berühmten Göttin zu verschaffen, bedarf es nur der Reise zu den südöstlich von Killarney gelegenen Paps of Dana – die als steinernes Busenmodell der Schönen gelten.

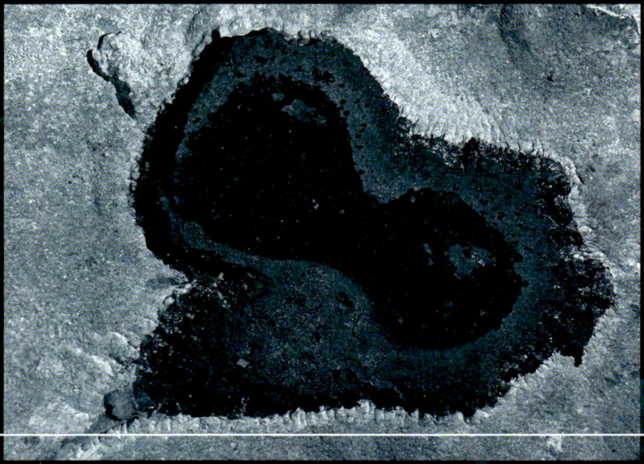

„Zu wenig Bäume, um einen aufzuhängen, zu wenig Wasser, um einen zu ersäufen, zu wenig Erde, um einen zu verscharren" – soll einer der Offiziere, die unter Cromwell Mitte des 17. Jahrhunderts Irland gebrandschatzt haben, über die steinerne Wüste des Burren geurteilt haben.

An Farraige – Das Meer

Slea Head, Dingle Peninsula. *Dort, wo aus der ohnehin schon langen Halbinsel noch einmal ein Streifen Land herauswächst, befand sich das síd – das heißt, die Andersweltresidenz – Ceann Sléibhe, das heutige Slea Head. Fionn mac Cumhaill verbrachte hier zwar mit der Tochter des Königs Conán, der schönen Findearb, eine Nacht, doch das war auch schon alles. Da sich einige Typen aus der Anderswelt bei einem Bankett auf dem Hill of Allen nicht genügend beachtet fühlten, taten sie sich aus Rache mit Findearbs Ex-Verlobten zusammen und verhinderten die geplante Hochzeit.*

Vor langer Zeit kam einmal ein Fremder ins Dorf. Der blieb dort lange Zeit hindurch. Und niemand wusste, wer er war und woher er gekommen war.

Eines Abends, als er mit ihnen hinausgefahren war, hieß er sie schnell nach Hause eilen, denn es sei ein Sturm im Anzug. Dann gab er dem Bootsmann drei Ringe und sagte, wenn eine schlimme, große Woge auf sie zukäme, solle er ihr einen entgegenwerfen.

Die Männer brauchten alle drei Ringe, um das Meer zu besänftigen. So erreichten sie wohlbehalten das Land, doch von dem geheimnisvollen Fremden fehlte jede Spur. Er wurde seither nicht mehr gesehen.

(Nach dem Volksmärchen „Die Warnung vor dem Sturm")

Rechte Seite:
Slea Head, Dingle Peninsula.

Slea Head, Dingle Peninsula.
Cliffs of Moher.
Egal, ob die Küste relativ flach ist oder wie die Klippen von Moher bis zu 200 Meter senkrecht in die Tiefe stürzt – für Manannán mac Lir, den Meeresgott, war der Übergang zwischen dem festen Land und der See kein Problem. Bewegte sich doch sein – offenbar amphibischer – Streitwagen auf dem Wasser ebenso sicher wie auf festem Boden.

Ganz links:
Giant's Causeway.
Die Wissenschaft sagt, dass der „Pfad des Riesen" etwa 60 Millionen Jahre alt ist und einen Vulkan zum Vater habe. Die Legende indessen weiß, dass die rund 40 000 Basaltsäulen ein Werk des Fionn mac Cumhaill sind, der seiner auf der Hebrideninsel Staffa lebenden Geliebten eine Brücke bauen wollte, damit sie trockenen Fußes zu ihm nach Ulster gelangen konnte.

Links:
Downpatrick Head.
Der geheimnisvolle Ort, von dem das Meer diese Felssäule abgetrennt hat, war vermutlich verschiedenen frühen Völkern heilig. Die größte Kultstätte wurde zu Ehren des mächtigen Gottes Lug unterhalten, der in etwa dem römischen Merkur vergleichbar und erst relativ spät in Irland aufgetaucht ist.

Dingle Peninsula.
In der Nähe von Slea Head.

Am Strand von Rosbeg.
Lug stammte väterlicherseits von den Tuatha Dé Danann, also den Göttern ab. Sein Großvater war ein berühmter Arzt, der sich darauf spezialisiert hatte, perfekte Prothesen zu fertigen. Seine Mutter hingegen war Formorierin, Tochter jenes schrecklichen Balor, der allein durch die Kraft seines einen Auges ein ganzes Heer besiegen konnte. Lug selbst erwies sich jedoch nicht nur als tapferer Krieger, sondern auch als guter Geschäftsmann. Außerdem – man höre und staune – gilt er als Schöpfer und Meister aller Künste.

Lug war Musiker, Sänger, Dichter, Gestalter und Zauberer. In diesem Sinne formte er Menschen und Landschaften. Es darf also mit einer gewissen Berechtigung davon ausgegangen werden, dass er auch an diesen scheinbar zufälligen Arrangements der Natur irgendwie beteiligt gewesen ist.

Der Anfang

AM ANFANG war der dreigezackte Stern,
einzig lichtes Lächeln im Angesicht der Leere;
ein hörnern Geäst in der aufbrausenden Luft,
die vielgliedrige Mitte, das Herz der ersten Sonne;
und: Zeichen in den Raum der Welten brennend,
vereinigten sich Himmel und Hölle im Chaos.

AM ANFANG war der blasse Namenszug,
drei Silben und einem strahlenden Lächeln gleich.
Dann gebot das Wort dem Wasser
und der Mond bekam ein Gesicht;
das Blut nässte den Kreuzesbaum und füllte den Gral,
liebkoste die erste Wolke und setzte ein Zeichen.

Powerscourt Gardens. Das geflügelte Ross ist Teil eines umfänglichen und vielfältigen Bildprogramms. Doch selbst wenn der protestantische Schlossherr und der ausführende Künstler eher die griechische Mythologie im Sinn gehabt haben mögen, kommt kein Gaul in Irland an den zwei legendären Anderswelptferden Dubh Sainglenn und Liath Macha vorbei.

AM ANFANG war das lodernde Feuer,
das Inferno durch einen winzigen Funken entfesselt,
dreiäugig, rotäugig dieser Funke und kalt wie eine Blume.
Das Leben schwoll an, gepeitscht von den stürmischen Meeren.
Wurzeln sprengten sich und die Welt, zogen aus der Erde und dem Stein
die verborgenen Wasser, die das Gras sprießen lassen.

AM ANFANG war das Wort,
das Wort, das – entwichen dem ewigen Behältnis des Lichtes –
die Leere aus allem zog.
Und mit dem wolkigen Atemhauch
wurde das Wort mächtig und schickte dem Herzen
die ersten Gewissheiten von Geburt und Vergehen.

AM ANFANG war das geheime Hirn,
das Hirn war aus Zellen gemacht und mit den Sinnen verlötet,
ehe zur Sonne es flog,
bevor die Adern ihr Netz bedrängten,
schoss Blut in die Höhe und wirbelte den Winden des Lichtes
den gerippten Anfang aller Liebe zu.

Dylan Marlais Thomas, der Autor dieser dunkel-visionären Dichtung, war Waliser, also den gleichen gälischen Wurzeln verbunden wie die Iren. 1914 in Swansea geboren und 1953 in New York gestorben, zählt er zu den großen Lyrikern der Moderne.

Seine Verse bersten vor Symbolen und Zeichen. Der Anfang ist das Ende, und das Ende der Anfang. Mit der Gewissheit, dass nichts gewiss ist.

Über das wogengezeichnete Meer,
über den sonnentrunkenen Scheitel der Welt
heiße ich die Winde dich suchen.
Mögen sie dir, spät und früh,
jenen Namen zurufen, den du einst liebtest;
mögen sie dich in den Traumschlaf wiegen
und die Bilder der Erinnerung wecken.
(Ella Young)

Mythen und Legenden

Das Erwachen der Zeit – Mythen und Legenden

Seite 56/57: ***Poulnabrone Dolmen.*** *Ins Deutsche übersetzt bedeutet der Name dieses berühmten Megalithgrabes „Grube der Dunkelheit" beziehungsweise „Grube des Schmerzes". Die Archäologen datieren das Alter der Anlage auf etwa 4500 Jahre. Bei ihren Ausgrabungen stießen sie auf die Überreste von etwa 20 Erwachsenen und sechs Kindern sowie auf verschiedene interessante Grabbeilagen – darunter nicht nur Werkzeuge, sondern auch einfachen Schmuck.*

Newgrange – der sogenannte „Sonnenbriefkasten". *Durch die Öffnung über dem Eingang dringt exakt zur Wintersonnenwende ein Lichtstrahl in die hinterste Kammer des Hügels und leuchtet erst die Tripelspirale und dann die ganze Kammer aus. Der Sieg des Lichtes über die Dunkelheit wird auch in den keltischen Mythen beschrieben. Oengus, der Gott des Lebens und der hellen, lichten Kräfte, heißt es dort, habe sich durch eine List Zutritt zu dem Andersweltpalast Bruig na Bóinne = Newgrange verschafft.*

Die Geschehnisse aus dem „Buch der Eroberungen", welches die Besiedlung Irlands schildert, historisch einzuordnen, fällt schwer. Und die große Kluft zwischen der erzählten Zeit, in der die jeweilige Episode spielt, und der Zeit ihrer Niederschrift verkompliziert die Sache noch mehr. Immerhin gibt es zumindest eine wichtige Schnittstelle, an der sich Fiktion und Realität so nahe kommen, dass eine halbwegs sichere Datierung möglich wird.

Demnach kann man davon ausgehen, dass die Kelten rund 400 Jahre vor Christi damit begonnen haben, die Insel zu erobern. König Ith kam aus Spanien und soll etliche Geisterschiffe besessen haben. Doch auch diese konnten weder seine Niederlage verhindern, noch sein Leben retten. Erst seinen Enkeln war es vergönnt, in Irland Fuß zu fassen. Der erste, der irischen Boden betrat, war Amergin, ein Druide und Sänger. Da man damals die Zeit noch nicht maß, ist nur der Tag überliefert – der 1. Mai.

Damit war auch der letzte verzweifelte Versuch der Tuatha Dé Danann, mittels eines schrecklichen Sturmes die Invasoren doch noch an der Landung zu hindern, gescheitert. Amergins magische Kräfte – oder Götter – waren eindeutig stärker als sie. Zum Dank entzündete er ein Feuer und sang sein berühmtes Lied von der Besitzergreifung der Insel, in dem sich der ganze Geist des Keltentums offenbart:

Ich bin der Wind über der See,
ich bin eine Meereswoge,
ich bin der Stier der sieben Schlachten,
ich bin ein Adler auf dem Fels,
ich bin der Strahl der Sonne,
ich bin die schönste der Pflanzen,
ich bin ein starker, wilder Eber,
ich bin der Lachs im Wasser,
ich bin ein See in der Ebene,
ich bin ein Wort der Weisheit,
ich bin eine Speerspitze in der Schlacht
ich bin ein Gott, der Feuer wirft ins Gehirn ...

Fast 800 Jahre gehörte Irland den Kelten. Obwohl die Zeit der Hochkönige, Druiden und Helden wie Cúchulainn oder Fionn mac Cumhaill schon lange vorbei, von Tara – dem politischen, religiösen und geistigen Zentrum der Inselkelten – kaum noch etwas übrig ist, bleibt der Zauber dieser Epoche spürbar und mächtig bis heute.

__Gallarus-Oratorium.__
Die rund tausendjährige Kapelle auf der Dingle-Halbinsel wurde ausschließlich aus Steinen errichtet. Obwohl der Baumeister auf Mörtel wie auch auf stützendes Balkenwerk verzichtete, hat sie allen Attacken der Elemente widerstanden.

__Beehive Huts.__
In der Nähe von Slea Head liegt diese weitläufige Anlage mit mehreren Gruppen von Bienenkorbhütten, die auch unterirdische Bereiche umfasst. Außerdem finden sich hier etliche Standsteine.

Ganz links:
Glencolumbkille.
Der Kreuzstein bildet die neunte Station eines Pilgerweges, der alljährlich am 9. Juni, dem Festtag des heiligen Columba, von Tausenden von Gläubigen begangen wird. Denen soll ein Blick durch das kleine Loch im Mittelpunkt des Kreuzes sowohl den Blick in den Himmel ermöglichen als auch zur Fruchtbarkeit verhelfen.

Links:
Hill of Tara.
Lia Fail, der „Stein des Schicksals", gehört zu der magischen Hinterlassenschaft der Tuatha Dé Danann. Er leistete bei der Königwahl unerlässliche Dienste, indem er immer dann, wenn der richtige ihn berührte, laut aufschrie, ansonsten jedoch stumm blieb.

Ganz links:
Gallarus-Oratorium.
Dieser Kreuzstein hat die Jahrhunderte überdauert und gibt auch noch lange nach dem Tod seiner Errichter Zeugnis ab von deren Glauben.

Links:
Boa Island.
Der vom Wasser des Erne-Sees gerahmte Friedhof der Insel birgt eine berühmte Janusfigur, die wahrscheinlich als Orakel gedient hat. Auffallend in diesem geheimnisvollen herzförmigen Gesicht sind die großen, mandelförmigen Augen sowie der weit geöffnete Mund.

Loughcrew.
Das große Gräberfeld umfasst mehr als 30 Grabhügel. Der mythologische Name „Slieve na Calliagh" verweist auf jene riesige Alte namens Caillech, die viele geheime Kräfte besaß und nicht nur Angst und Schrecken verbreitete, sondern auch Gutes tat.

Drombeg Stone Circle.
Der „Druidenaltar" gehört zu den bekanntesten und deshalb auch meistbesuchten Steinkreisen Irlands. Er zählt insgesamt 17 Teile und hat einen Durchmesser von fast 10 Metern. Die beiden Portalsteine und der Axialstein markieren den Sonnenuntergang zur Zeit der Wintersonnenwende.

Carrowmore.
Das größte prähistorische Gräberfeld Irlands ist annähernd vier Quadratkilometer groß. Von den über 100 Monumenten aus der Steinzeit sind noch rund 60, darunter auch der berühmte Carrowmore-Dolmen, erhalten. Die ältesten Teile der Anlage sollen angeblich über 7000 Jahre alt sein.

Creevykeel Court Tomb.
Die mehr als 5000 Jahre alte Anlage gehört zum Typ der so genannten Hofgräber. Das heißt, sie umfasst einen gepflasterten Hof. Die Grabgalerie besteht aus zwei Kammern. Unter den 1934 zu Tage geförderten Fundstücken befanden sich verschiedene Werkzeuge und Keramikscherben sowie eine steinerne Perle.

Verstreute Berichte vom irischen Olymp

Im Grunde genommen sind die Gottheiten der irischen Mythologie ihren griechischen und römischen Verwandten ziemlich ähnlich. Das betrifft sowohl ihre wundersamen Fähigkeiten, als auch ihren Charakter und ihr Verhalten – in welchem übrigens, mag sich wundern, wer will, viel Menschliches zu entdecken ist.

Auch wenn hierarchische Fragen immer für überraschende Antworten gut sind, scheint Dagda der Oberste bei den Tuatha Dé Danann, dem Volk der Götter, zu sein. Er kann nicht nur zaubern, sondern auch dichten und wunderschön Harfe spielen. Und sein Wunderkessel, aus dem er bei den großen Festivitäten von Bruig na Bóinee (Newgrange) die Anwesenden speist und tränkt, verschafft ihm verständlicherweise eine Menge Freunde, die ihn bei allen nur möglichen Gelegenheiten einen Guten heißen. Obwohl er Herr über die Zeit ist und das Wetter kontrolliert, wäre er ohne seine mächtige Keule nur die Hälfte wert. Mit ihr kann er sowohl töten – gleich neun Männer auf einen Streich –, als auch Tote wieder auferwecken. Schwach wird er eigentlich nur bei Frauen. So hielt er Boand zuliebe mehrere Monate die Sonne an. Der Vollständigkeit halber sei noch hinzugefügt, dass er nicht besonders gut aussehen soll. Garderobe – ein dürftiger Kittel – und Manieren wie ein Bauer oder noch schlimmer. Was beweist, dass Götter außerhalb der Normen stehen können, die sie selbst für ihr Volk gemacht haben.

Rechts: ***Emain Macha (Navan Fort).*** *Dieser Hügel ist „mehr als eine Königsresidenz, mehr als ein Kultzentrum…", nämlich der „Motor für den ganzen nordirischen Sagenkreis, den Ulsterzyklus" (Sylvia Botheroyd). Die Übersetzung des Namens bedeutet „Zwillinge Machas". Gemeint sind jene Kinder, die die Göttin zur Welt gebracht hatte, nachdem sie von Conchobar im schwangeren Zustand zu einem Wettlauf mit einem Pferd gezwungen worden war.*

Ganz rechts: ***Newgrange.*** *Die gewaltigen Bauten sind die eine rätselhafte Seite der berühmten Kult- und Grabstätte, ihre beeindruckende Ausschmückung die andere. Ging es doch den geheimnisvollen Schöpfern nicht nur um Größe, sondern auch um Schönheit. Dass sie auch darin Phänomenales geleistet haben, beweist diese Steingravur. Spirale und Labyrinth stehen bis heute für das große Geheimnis.*

Angesichts seiner phänomenalen sexuellen Aktivitäten wundert es nicht, dass Dagdas Familienverhältnisse ziemlich ungeordnet, ja wüst anmuten. Immerhin scheint er nicht alles unter Kontrolle gehabt zu haben. Wird doch als Vater seines Sohnes Donn auch der gälische König Mil genannt. Noch verworrener scheint allerdings Dagdas Beziehung zu Danu (oder Dana) zu sein. Sie gilt gleichzeitig als seine Gattin, Mutter und Schwester.

Ein Dialog zweier Weisen aus dem 9. Jahrhundert, in dem von Dana die Rede geht, macht deutlich, wie groß ihr Image damals gewesen ist, groß genug jedenfalls, dass sie auch die Zeitenwende überstand, ohne dabei ihr Gesicht zu verlieren:

Ich bin Sohn der Poesie,
Poesie, Tochter der Reflexion,
Reflexion, Tochter der Meditation,
Meditation, Tochter der Erfahrung,
Erfahrung, Tochter der Nachforschung,
Nachforschung, Tochter der Großen Erkenntnis,
Große Erkenntnis, Tochter der Intelligenz,
Intelligenz, Tochter der Einsicht,
Einsicht, Tochter der Weisheit,
Tochter der drei Götter von Dana.

Bleibt hinzuzufügen, dass die Übernahme der heidnischen Gottheiten durch das Christentum nicht immer auf solch einem Niveau erfolgte und durchaus auch feindlicher Art sein konnte. Schon damals kam es auf die Leute an, die damit befasst waren. Augenscheinlichstes Beispiel dafür ist jene Aktion, bei der irgendein klösterlicher Schreiber aus einer großen irischen Muttergöttin eine zügellose, machtbesessene Königin Medb gemacht hat. Jedenfalls hat dieser Coup sein Ziel erreicht. Aus der Göttin wurde eine Teufelin, die bedenkenlos Völker und Provinzen opfert.

Hill of Tara, Hügelgrab.
Vom Sitz der irischen Hochkönige ist nicht viel übriggeblieben. Einst politisches und religiöses Zentrum der irisch-keltischen Welt, verlor die Kultstätte mit der Ausbreitung des Christentums an Bedeutung. Tara war nicht nur Schauplatz großer mythologischer und geschichtlicher Ereignisse, sondern auch letzte Ruhestätte der Toten.

Die Gebrüder Grimm –
Nachrichten aus dem

Ungefähr zehn Jahre nach der Herausgabe ihrer zweibändigen „Kinder- und Hausmärchen" brachten Jacob und Wilhelm Grimm die „Irischen Elfenmärchen" unters Volk. So geschehen im Jahre 1826, als sie in Kassel lebten und wirkten. Beide Sammlungen sind aus dem gleichen Märchen-Stoff gemacht. Doch im Falle der irischen Elfen lieferten die Grimms „nur" die Übersetzung beziehungsweise eine Einleitung und interessante Querverweise – was für sie jedenfalls deutlich weniger Arbeit bedeutete als bei den deutschen Märchen. Denn bei denen mussten sie – obwohl sie manches, was ihnen die Leute zutrugen, wörtlich aufgenommen haben – das meiste neu formulieren und stilistisch aufeinander abstimmen. Immerhin spricht es nicht nur für ihren gelehrten und poetischen, sondern auch für ihren praktischen Sinn, dass sie das Sammeln von Märchen und Persönliches miteinander verquickten. So heiratete Wilhelm Grimm die Tochter des Kasseler Apothekers Wild, deren Mutter er die Mären von „Läuschen und Flöhchen" sowie „Strohhalm, Kohle und Bohne" verdankte. Und der alte Dragonerwachtmeister Krause, von dem unter anderem die Märchen über die „Bienenkönigin" sowie den „König vom goldenen Berg" stammen, wurde mit gebrauchter Kleidung und Unterwäsche gelöhnt.

Doch zurück zu den irischen Elfen.

Sie *„haben einen luftigen, fast durchsichtigen Körper, der so zart ist, daß ein Tautropfen, wenn sie darauf springen, zwar zittert, aber nicht auseinanderrinnt. Dabei sind sie von wunderbarer Schönheit, Elfen sowohl als Elfinnen, und sterbliche Menschen können mit ihnen keinen Vergleich aushalten ...*

Rechts: ***Powerscourt Waterfall.*** *Rund 120 Meter stürzt sich hier der Dargle über etliche Kaskaden in die Tiefe. Kein Wunder, dass auch die Elfen diesen zauberhaften Ort mögen und immer dann, wenn sie sich besonders wohlfühlen, in den Wasservorhang Regenbogen – einen schöner als den anderen – zaubern.*

Ganz rechts: ***Powerscourt Gardens.*** *Die Farne gehören zu den ältesten und bekanntesten Zauberpflanzen. Besonders gesucht wurde nach ihrem Samen, von dem behauptet wurde, dass er unsichtbar mache. Aber so sehr man sich auch mühte, er blieb unauffindbar. Der Grund: Die Pflanzen besitzen gar keinen, sondern nur Sporen.*

Reich der Elfen

In den Sommernächten, wenn der Mond scheint, am liebsten in der Erntezeit, kommen sie aus ihren geheimen Wohnungen hervor und versammeln sich zum Tanz auf gewissen Lieblingsplätzen, gleichfalls heimliche und verborgene Orte, wie Bergtäler, Wiesengründe bei Bächen und Flüssen, Kirchhöfe, wohin selten Menschen kommen. Oft feiern sie ihre Feste unter geräumigen Pilzen oder ruhen unter ihrem Schirmdach. Bei dem ersten Strahl der Morgensonne verschwinden sie wieder und es ist, als rausche ein Schwarm Bienen oder Mücken dahin.

Ihre Kleidung ist schneeweiß, manchmal silberglänzend, notwendig gehört dazu ein Hut oder Käppchen, wozu sie meist die roten Blütenglocken des Fingerhuts wählen …

Menschen, die vorwitzig sich nähern oder gar sie necken, bestrafen sie hart, sonst pflegen sie gegen Wohlgesinnte, die ihnen vertrauen, freundlich und hilfreich zu sein. Sie nehmen einen Höcker von der Schulter, schenken neue Kleidungsstücke, versprechen einen Wunsch zu erfüllen, obgleich auch hier gute Laune von ihrer Seite nötig zu sein scheint. Sie lassen sich auch wohl in menschlicher Gestalt sehen, oder jemand, der nachts zufällig unter sie geraten ist, teil an ihren Tänzen nehmen; aber etwas Gefährliches liegt allzeit in dieser Berührung: der Mensch erkrankt darnach und fällt von der unnatürlichen Anstrengung, da sie ihm etwas von ihren Kräften zu verleihen scheinen, in ein heftiges Fieber."

Ganz links:
Powerscourt Gardens.
„Unter dem Wasser liegt ein Land, … das von glücklichen Elfen bewohnt wird. Hat man in dem rechten Augenblick an den Ufern des Sees die rechte Stelle gefunden, so kann man alle diese Herrlichkeiten mit Augen sehen … Diese Unterwelt heißt das Land der Jugend, weil die Zeit dort keine Macht hat."
(Gebrüder Grimm „Über die Elfen")

Links:
Im Wald bei Killarney.
Höre, Holzfäller!
Laß deinen Arm ruhen,
es ist nicht ein Baum, den du fällst!
Siehst du nicht das Blut der Götter?
(Pierre de Ronsard)

Newgrange.
Es mangelt nicht an – größtenteils mehr oder minder fragwürdigen – Hypothesen, die erklären sollen, wie unsere steinzeitlichen Vorfahren ohne metallene Werkzeuge und Hilfsmittel so viel Erde und Steine bewegt und zu einem ebenso grandiosen wie geheimnisvollen Ganzen zusammengefügt haben.

Newgrange.
Jedenfalls verdienen die Raffinesse der Konstruktion – die Kragsteine der Decken sind mit winzigen Drainagen versehen – und die kunstfertigen Verzierungen, die erstaunlicherweise auch an verborgenen Stellen zu finden sind, allergrößten Respekt. Bleibt die noch immer einer überzeugenden Antwort harrende Frage, woher die Erbauer von Newgrange ihre verblüffenden astronomischen Kenntnisse hatten.

Seite 70/71:
Beaghmore Stone Circles.
Die im Süden der Sperrin Montains gelegene geheimnisvolle Anlage, die in die Bronzezeit datiert wird, umfasst mehrere Steinkreise und Hügelgräber. Entdeckt wurden diese rein zufällig beim Torfstechen. Wissenschaftler haben herausgefunden, dass vier der steinernen Alleen exakt zu jenem Punkt hin führen, an dem vor 3000 Jahren zur Sommersonnenwende die Sonne aufgegangen ist.

Loughcrew Cairns.
Der so genannte Cairn T ist der interessanteste Grabhügel dieses westlich von Kells gelegenen Gräberfeldes. Sein Durchmesser beträgt 36 Meter. Im Innern gibt es eine große Kammer zu bestaunen. Dazu faszinierende Steingravuren.

Promontory Fort Dunbeg.
Die mächtige Befestigung auf der Dingle-Halbinsel ähnelt einer Zwiebel. Um hineinzukommen, hätten die Angreifer gleich fünf Häute, sprich: vier Wälle aus Erde und eine Mauer aus Stein, überwinden müssen.

Promontory Fort Dunbeg.
Ein unterirdischer Gang verband das vorgeschobene Verteidigungswerk des Forts mit dem Innengebäude, das als Ruine auf uns gekommen ist.

Beehive Hut.
Der Wind oder ein Vogel mögen es gewesen sein, der die Sporen des Farns hierher getragen hat. Nun drängt er ans Licht. Und falls man ihm Zeit dazu lässt, wird er die Fuge immer mehr verbreitern und irgendwann, nahe der Ewigkeit, sogar den Stein herauslösen.

Kleines Who is Who der Anderswelt

Aillén mac Midna (der Brenner)

Machte seinem Namen alle Ehre und brannte alljährlich zu Samhain (Halloween) Tara nieder, bis er von Fionn mac Cumhaill erschlagen wurde.

Aoife

Cúchulainn, der Held des Ulster-Sagenkreises, führte eigentlich mit seiner Frau eine mustergültige Ehe. Daher ist seine Liaison mit der Andersweltfrau Aoife möglicherweise dem politischen Kalkül geschuldet.

Becuma

Der gutaussehenden, aber durch und durch verdorbenen Frau aus der Anderswelt fiel es nicht schwer, Conn Cétchathach zu umgarnen und als dessen Gemahlin auf Tara zu residieren, wo sie bis zu ihrer Entmachtung viel Unheil anrichtete.

Blai Derg

Sie ist das krasse Gegenstück zu Becuma. Fionn, dem sie zunächst als Reh erschienen war, zeugte mit ihr seinen Sohn Oisín.

Conlai

Der Sohn von Aoife und Cúchulainn war halb Mensch, halb Wesen aus der Anderswelt und wuchs auch dort auf.

Credhe

Die Andersweltfrau hat ihr Haus unter den Paps of Dana in der Grafschaft Kerry. Sie war die Gattin des Feniers Cael, nach dessen Tod sie an gebrochenem Herzen starb.

Delbchaem

Art, Sohn von Conn Cétchathach, holte Delbchaem nach mancherlei Fährnissen aus der Anderswelt zurück nach Tara.

Diarmaid ua Duibhne

Fürst der Anderswelt, der auch für die Fruchtbarkeit zuständig ist. Brannte seinerzeit mit Gráinne, der jungen Gattin Fionns durch. So ist es sicher kein Zufall, dass die Dolmen im Süden des Landes „Diarmaid and Gráinne's Bed" geheißen werden.

Rechts: **Dunluce Castle.** *Hoch über der zerklüfteten Causeway Coast thront die Ruine von Dunluce Castle, die aus dem 14. Jahrhundert datiert. Dank des Goldschatzes, den die 1588 gestrandete spanische Galeone „Girona" an Bord hatte, konnten die MacDonnells Ende des 16. Jahrhunderts ihre Burg grundlegend umbauen und erneuern.*

Ganz rechts: **Lough Leane.** *Am Ufer dieses Sees wartete Niamh, die goldhaarige Schöne aus der Anderswelt, auf ihren Geliebten Oisín, um mit ihm zusammen auf ihrem weißen Pferd in das Land der ewigen Jugend zu reiten.*

Ganz links:
Lough Feeagh.
Obwohl an diesem See keine Andersweltresidenz überliefert ist, war und ist er als Schauplatz von etlichen Begegnungen der anderen Art bekannt. Möglich, dass sich hier ein Cluricane aufhält, ein Elfe also, der gern – vornehmlich in Ermangelung von Whiskey – die Leute neckt und manchmal sogar zur Verzweiflung bringen kann.

Links:
In der Anlage der Cong Abbey.
Bei Cong sollen die Tuatha Dé Danann die auf der Insel gelandeten Fir Bog in einer blutigen Schlacht, bei der sie sich hinter einem Zaubernebel verbargen, besiegt haben. Diejenigen Fir Bog, die überlebten, zogen sich der Legende nach auf die Aran-Inseln zurück.

Dubh Sainglenn und Liath Macha
Pferde aus der Anderswelt.

Laeg mac Ringabra
Treuer Begleiter und Vertrauter Cúchulainns. Lenkte seinen Streitwagen und sprach ihm in brenzligen Situationen Mut zu.

Macha
Die hochschwangere Frau wurde von König Conchobar mac Nessa gezwungen, mit dessen Pferden um die Wette zu rennen. Macha gewann den Wettlauf zwar, aber als sie das Ziel erreichte, gebar sie Zwillinge und starb. In späteren Erzählungen finden wir Macha auch als oberste Gottheit von Munster.

Manannán mac Lir
Oberste Autorität der Anderswelt, der vor allem für das Meer zuständig war. Darüber hinaus kümmerte er sich aber auch um viele andere Dinge. So erhielten die Tuatha Dé Dannan von ihm die Gabe ihrer Unsichtbarkeit. Aus wer weiß was für welchen Gründen tauchte er im Fenierzyklus als „Typ im grauen Mantel", also in Verkleidung, auf. Bei der Aushebung seines Grabes soll der Lough Corrib entstanden sein.

Midir
Einer der mächtigsten Fürsten der Tuatha Dé Danann, der in seinem Andersweltpalast Brí Léith residiert.

Nechtan
Legendärer Quellhüter. Die Göttin Boand versuchte ihn zu überlisten, wurde aber dafür in einen Fluss verwandelt. Den Boyne, im Osten der Insel, kannte übrigens bereits Ptolemäus, der ihn in seine berühmte Weltkarte aufgenommen hat.

Rigrú
Die Frau mit den riesigen Augen gilt als eine Königin der Anderswelt; ihr Gatte Dáire ist für die Abteilung Fruchtbarkeit zuständig.

Scáthach
Eine der frühesten bekannten Kampfsportlehrerinnen. Unterrichtete Cúchulainn im Waffenhandwerk und schuf damit die Voraussetzungen für seine außergewöhnlichen Heldentaten.

Heiliges Irland –
die Zeit der Christianisierung

Heiliges Irland –
die Zeit der Christianisierung

Seite 76/77:
Glendalough.
Die Klostersiedlung im „Tal der zwei Seen", wie die deutsche Übersetzung des Namens lautet, geht auf den heiligen Kevin zurück. Der junge Mann war von königlichem Geblüt und so etwas wie ein früher Aussteiger. So soll er anfangs in einem ausgehöhlten Baumstamm geschlafen haben. Und als ihm der Trubel im Kloster zu laut wurde, suchte er sich rund 15 Kilometer entfernt, in einem dichten Wald, ein neues, ruhigeres Domizil.

Quin Abbey.
Das ehemalige Franziskanerkloster, das bis 1820 bewohnt gewesen ist, ging aus einer alten Burg hervor. Daher auch der ungewöhnlich trutzige Anblick. Sehenswert sind Kreuzgang und Kirche. Diese birgt eine ganze Reihe schöner und interessanter Grabplatten der Mac Namaras, die zum Teil noch aus dem 15. Jahrhundert stammen.

Gleich den Sagen um die Ankunft der Kelten sind auch die Berichte über die Einführung des Christentums voller Wunder. Der Kampf zwischen dem heidnischen Establishment und der neuen Religion geriet zu einem Wettbewerb der Zauberer.

Während die Druiden ihre magischen Kräfte aus der Natur und ihren Elementen sowie den Gestirnen gewannen, setzten ihre Gegenspieler auf den Beistand des einen christlichen Gottes.

Die magischen Kräfte, die beide Seiten ins Feld führten, waren enorm. Ebenso das Vertrauen aller Beteiligten, die Entscheidung vornehmlich mit den Waffen des Geistes und der Fantasie herbeiführen zu wollen.

Sankt Patrick, der Herausforderer, machte den ersten Zug, indem er den Hochkönig Laoghaire provozierte und – wider dem Zeremoniell – auf einem Tara gegenüberliegenden Hügel ein Osterfeuer entzündete. Daraufhin von Laoghaires Leuten umzingelt, gelang es ihm, zunächst den gefährlichsten Druiden außer Gefecht zu setzen und dann die Soldaten so zu verwirren, dass sie selbst aufeinander losgingen.

Der Showdown der Geschichte spielte in Tara selbst. Ausgerechnet an ihrem heiligsten Ort und mit ihren eigenen Mitteln, nämlich der Magie, will Patrick die Druiden schlagen und das versammelte Volk von der Überlegenheit der neuen Religion überzeugen. Dieser Plan ging voll auf. Das heißt, der Heilige brachte sowohl den nächtlichen Schneefall, den die Druiden herbeigezaubert hatten, als auch die von ihnen versteckte Sonne in Rekordzeit zum Aufhören beziehungsweise wieder zurück.

Danach erhöhte sich der Einsatz dramatisch und es ging um nichts Geringeres als das Leben. Während Patricks Schüler Benen in einer Hütte aus trockenem Holz ein Feuer ohne Schaden überlebte, wurde sein druidischer Gegenspieler von den Göttern verlassen und verbrannte jämmerlich – und das, obwohl das Holz seiner Behausung nass gewesen war.

Klar, dass am Ende dieser überzeugenden Vorführung der Hof geschlossen zum Christentum übertrat. Doch ebenso sicher – und an vielen Gotteshäusern und Hochkreuzen ablesbar – ist auch, dass viel keltische Konterbande in der irischen Kirche weiterlebte.

Glendalough.
Nach dem Tod des heiligen Kevin wuchs Glendalough erst recht. Zu diesen später hinzugekommenen Baulichkeiten gehört auch der mächtige Rundturm, der seit rund 1000 Jahren über das Kloster wacht.

Bilder ganz links und links:
Jerpoint Abbey.
Das aus dem Ende des 12. Jahrhunderts stammende berühmte Zisterzienserkloster geht auf den damaligen König von Ossory zurück. Die schönsten Grabmäler stammen aus der Werkstatt der Familie O'Tunney, das wundertätigste soll jenes des Bischofs O'Dulany sein.

Ganz links und links:
Glendalough.
Die Künstler, die über die Jahrhunderte hinweg die Gebäude und Grabmale des Klosters ausgestaltet haben, bedienten sich einer reichen Symbol- und Formensprache. Diese umfasst nicht nur figürliche Darstellungen, sondern auch botanische. Das gewundene Spruchband rührt aus späterer Zeit.

Links:
Ardfert Cathedral.
Im Kelch der Rose sehe ich
Sein Blut ...
In des Meeres Brandung pulst
Sein Herz ...
(J. M. Plunkett)

Die Macht des Wortes – Gebete und Segen

Die Kelten verzichteten auf die Schrift. Umso mehr galt ihnen das gesprochene Wort. Sie wussten um dessen Geheimnis und nutzten es in vielfältiger Weise.

Vom griechischen Historiker Diodorus Siculus (1. Jahrhundert v. Chr.) wissen wir, dass sie in *„gewichtigem und strengem Tonfall"* redeten und *„ihre Äußerungen kurz, rätselhaft, voll von Andeutungen und Zweideutigkeiten, oft Übertreibungen"* waren. Die druidischen Magier wurden „gutuater" genannt – was übersetzt „Vater des Wortes" heißt. An diesem konsequenten Wortglauben hielten auch die frühen Mönche und Heiligen fest. Er war für sie der direkte und beste Weg zu Gott. Vor allem: Er war noch nicht zugestellt durch all das später hinzugekommene theologische Sperrgut.

Seite 82/83: ***Ardfert Cathedral.*** *Gründer des ersten Klosters von Ardfert, von dem nichts erhalten geblieben ist, war der Heilige Brendan. Die Kathedrale wurde Mitte des 12. Jahrhunderts fertiggestellt und mehrmals umgebaut. Ältester Teil ist das Westportal, das südliche Querschiff und die Zinnen kamen erst im 15. Jahrhundert hinzu.*

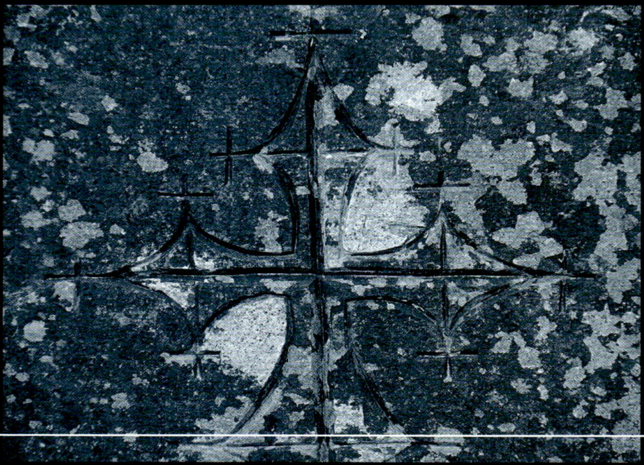

Ardfert Cathedral. *Mein innerstes Sehnen und Suchen ist, nach Gottes Gericht aufzuerstehen, mein innerstes Sehnen und Suchen ist, im strahlenden Paradies zu wohnen … mein innerstes Sehnen und Suchen ist, das Antlitz Gottes zu schauen. (Verfasser unbekannt)*

Ich beginne diesen Tag mit der Kraft des Himmels: dem Licht der Sonne, dem Strahl des Mondes, dem Glanz des Feuers, der Kraft des Blitzes, der Schnelligkeit des Windes, der Tiefe des Meeres, der Festigkeit der Erde, der Standhaftigkeit des Steines.

Dem heiligen Patrick zugeschrieben

Was ich bin, das war ich nicht und werde ich nicht sein. Zu jeder Stunde bin ich ein anderer, niemals bleibe ich stehen. Immerzu laufe ich vom Tag der Geburt zum Tag des Todes. Immer ändere ich mich. Doch was geändert wird und wie das geschieht, sehe ich nicht. Kann ich doch niemals das ganze Leben zusammensehen. Was ich gestern war, bin ich heute nicht. So wie ich morgen nicht sein werde, was ich heute bin. Und immer weiter eile ich dem Tod entgegen, wo ich endlich sehe und erkenne, was mir jetzt verborgen bleibt. Und alles zugleich in einem.

Dem heiligen Columba zugeschrieben

Herr der Sterne, betrachte mein Haus: Ob Tag oder Nacht – niemals ist es verschlossen, wenn jemand Einlass begehrt. Mögest auch Du mir dein Haus nicht verschließen.

Verfasser unbekannt

Mein Herz ist ruhelos immerfort,
leise tönt sein Klagen
aus dem Land jenseits des Traumes
und einsam verstreicht der Tag.
Ach, wie schnell vergäße ich die Leiden
auf kalter, bitterer Erde,
wenn Du, mein Gott,
mich führen würdest
in das ruhige Land
wohl hinter dem Wind.

Verfasser unbekannt

Tiefer Friede – eine sanfte weiße Taube dir;
tiefer Friede – ein stiller Regen dir;
tiefer Friede – eine brandende Woge dir;
tiefer Friede – roter Wind des Ostens dir;
tiefer Friede – grauer Wind des Westens dir;
tiefer Friede – dunkler Wind des Nordens dir;
tiefer Friede – blauer Wind des Südens dir;
tiefer Friede – reines Rot der Flamme dir;
tiefer Friede – reines Weiß des Mondes dir;
tiefer Friede – reines Grün der Gräser dir;
tiefer Friede – reines Braun der Erde dir …

Aus: Fiona MacLeod
„Anrufung des Friedens“

Kilmacduagh Abbey.
„Vom Scheitel herab bis zur Sohle vertraue ich alles in jeder Gefahr dem Schutz des Kreuzes an“ – bekannte der heilige Columba. Das nahe dem Städtchen Gort malerisch an einem See gelegene alte Kloster Kilmacduagh umfasst nicht nur mehrere Kirchen und einen großen Rundturm, sondern auch sehenswerte Hochkreuze.

Dysert O'Dea.
Die im späten Mittelalter entstandene Klosterkirche geht auf einen romanischen Vorgängerbau zurück. Von diesem blieb nur das großartige Westportal erhalten. Die Skulpturenköpfe im Bogen verraten morgenländischen Einfluss, der mit den Kreuzfahrern nach Irland gekommen ist.

Links und unten ganz links:
St. Fachtna's Cathedral, Kilfenora.
Obwohl der alte Klosterort vor allem wegen seiner Hochkreuze bekannt ist, birgt auch die Kathedrale bemerkenswertes steinernes Bildwerk – so zum Beispiel jenes Kapitell, das eine Gruppe betender Kleriker zeigt, oder die feingearbeitete Porträtbüste eines Bischofs.

Links, oben und unten:
Cong Abbey.
Die steinernen Köpfe über den Portalen des zwischen dem Lough Corrib und dem Lough Mask gelegenen Augustinerklosters stammen aus dem Anfang des 12. Jahrhunderts, also aus der Regierungszeit des Hochkönigs Turlough O'Connor.

Linke Seite:
Kilmacduagh Abbey.
Der Rundturm, der die Anlage weithin überragt, misst 37 Meter und ist damit der höchste ganz Irlands. So alt wie der schiefe Turm von Pisa, neigt er sich ebenso wie dieser und müsste auf Grund seines unzureichenden Fundaments schon längst eingestürzt sein. Dass er bislang noch keinerlei Anstalten dazu macht, ist den Fachleuten ein Rätsel.

Cong Abbey.
Neben den Kapitellen waren es vor allem die Portale der Kirchen, bei deren Gestaltung seit jeher besonderer Aufwand betrieben wurde. So sollte gleich der Eingang in das Haus Gottes die Menschen im wahrsten Sinne des Wortes überwältigen.

Drumcliff, Friedhof.
Das Kloster, zu dem der Friedhof gehört, geht auf den heiligen Columba zurück. Viel ist davon allerdings nicht mehr erhalten. Der 1939 im französischen Roquebrune gestorbene William Butler Yeats, der als Initiator der irisch-keltischen Renaissance gilt, fand hier seine letzte Ruhestätte.

Monasterboice.
Das Kloster wurde vermutlich Ende des 5., Anfang des 6. Jahrhunderts gegründet. Und zwar durch den heiligen Buite, einen Schüler des heiligen Patrick. Zumindest an Wundertaten soll der seinem Lehrmeister in nichts nachgestanden und sogar Tote auferweckt haben. Das alles hat Monasterboice jedoch nicht vor dem Untergang bewahren können. Nach mehreren Überfällen der Wikinger und einer blutigen Attacke des Hochkönigs Domhnall erlangte es nie mehr seine frühere Bedeutung und wurde schließlich 1122 aufgelöst.

Monasterboice.
Die Hochkreuze und Gräber von Monasterboice spiegeln die wechselvollen Läufe weit zurückliegender Zeiten. Dabei wurden nicht wenige Dekors der keltischen Formensprache (Spirale), aber auch der nordischen Wikingerkultur (Schlange) entlehnt. Absoluter Höhepunkt nicht nur des Klosters, sondern auch der irischen Kunst des 9. Jahrhunderts ist ein 5,30 Meter hohes Hochkreuz, das nach dem damaligen Abt Muiredach benannt wurde. Die Themen der Reliefs beziehen sich sowohl auf das Alte wie auch auf das Neue Testament (siehe linke Seite unten). Den Beginn bildet die Geschichte von Adam und Eva, als Abschluss und Ausblick fungiert der weltenrichtende Christus.

Marry Wiggins und die Wundergans

Liam O'Flaherty (1896–1984) gehört zu den bedeutendsten irischen Schriftstellern des 20. Jahrhunderts. Er hinterließ etliche Romane und Kurzgeschichten. Darunter auch die Erzählung „Teufelei und Aberglauben", aus der nachfolgender Auszug stammt:

Die alte Mary Wiggins hatte inzwischen gemerkt, daß ihre Gans Gold wert war. Sie war fest überzeugt, daß sie mit übernatürlichen Kräften begabt war. Als Entgelt für ihre Zauberei nahm sie allerhand entgegen: einen Meter weißen Fries für das Deuten von Träumen, ein Pfund Zucker für den ‚Großen Immergrün-Zauber' und eine hohe Eselslast Kartoffeln für das Knüpfen des Schlangenknotens über den Flanken einer kranken Kuh ...

Bald wurde es weit und breit im Lande bekannt, daß in dem Dörfchen eine sehr weise Frau und eine Wundergans lebten, und von weit her kamen die Leute angepilgert – in der dunkelsten Nachtstunde und in der ersten Neumondnacht oder wenn die Springflut im Abnehmen war. Die Männer begannen bald, den Hut zu ziehen, wenn sie an dem Haus der alten Mary Wiggins vorübergingen, denn seit der Heilung von Dara Foddys Kuh waren sich alle einig, daß die Gans tatsächlich ein guter und kein böser Geist aus dem Feenland war. Die Aufregung im Dorf und in der ganzen Umgebung war so groß, daß die Sache trotz allen Geheimhaltens schließlich doch dem Gemeindepfarrer zu Ohren drang.

Deserted Village, Achill Island. *„Plötzlich, als wir die Höhe des Berges erreicht hatten, sahen wir das Skelett des verlassenen Dorfes am nächsten Hang liegen ... graue, gleichförmige Steingiebel, die wir zunächst ohne perspektivische Tiefe sahen, wie dilettantisch aufgestellte Kulissen für einen Gespensterfilm ... Die nächste Kurve des Weges brachte uns in andere Distanz, und nun sahen wir sie von der Seite: Rohbauten, die auf den Zimmermann zu warten schienen: graue Steinmauern, dunkle Fensterhöhlen, kein Stück Holz, kein Fetzen Stoff, nichts Farbiges, wie ein Körper ohne Haare, ohne Augen, ohne Fleisch und Blut ..." (Heinrich Böll: „Irisches Tagebuch")*

Dieser eilte schnurstracks zur Wiggins und beschimpfte sie als Hexe. Und als sie sich ihm in den Weg stellte, schleuderte er sie zu Boden und zerstörte das Nest des Zaubertieres. Das begann zwar sogleich ein neues zu bauen, doch das Unheil war nicht mehr aufzuhalten.

In jener Nacht, gleich nachdem der Mond aufgegangen war, scharten sich ein paar Burschen zusammen, zogen zu Mary Wiggins' Haus und lockten die Gans vom Nest, indem sie „Beadai, beadai, komm her, komm her!" riefen.

Die kleine Gans war entzückt, daß die Menschen wieder gut und ehrerbietig zu ihr waren; sie watschelte ans Tor und stieß glückliche kleine Piepser aus.

Die Burschen steinigten sie zu Tode.

Und die kleine Gans ließ keinen einzigen Laut hören, so verwundert und entsetzt war sie über die Behandlung von Menschen, die sie einst liebten und denen sie nie etwas zuleide getan hatte.

Am nächsten Morgen, als Mary Wiggins ihre tote Gans fand, bekam sie einen Wutanfall und verfluchte das Dorf, den Priester und die gesamte Menschheit.

Und es hatte wirklich den Anschein, als ob ihr lästerliches Gebet irgendwie gewirkt habe. Obwohl keine Riesen in der Luft kämpften und die Kühe keine Kälber mit Fischschwänzen zur Welt brachten, ist es doch Tatsache, daß seit jenem Tage die Einwohner des Dorfes streitsüchtige Trunkenbolde sind, die zwar Gott fürchten, aber nicht ihren Nächsten lieben. Und die alte Frau sammelt wieder Anhängerinnen unter den Frauen der Trunkenbolde. Diese Frauen erklären, daß in der Geschichte ihrer Generation nur ein einziges Mal Frieden und Harmonie im Dorf geherrscht hätten, nämlich damals, als alle Leute die Wundergans liebten.

In Loving Memory Of
ALSO HIS INFANT DAUGHTER
MARGARET
R. I. P.

Seite 94/95:
Hill of Slane.
„Kreuz Christi, sei vor mir, mich zu führen,
sei hinter mir, mich zu behüten,
hilf mir, unten wie oben, in jeder Not,
komm mir von Osten entgegen,
stärke mir vom Westen den Rücken,
geleite mich allezeit im Norden und Süden ...“
... betete einst der heilige Columba.

Bective Abbey.
Das Zisterzienserkloster wurde Mitte des 12. Jahrhunderts im Auftrag des damaligen Königs von Meath erbaut. Aus dieser Zeit stammt jedoch nur ein geringer Teil der Ruinen. Der andere – mit dem Wohnturm und der großen Halle, in der sich möglicherweise das Refektorium befunden hat – datiert aus dem 15. Jahrhundert.

Mellifont Abbey.
Irlands erstes Zisterzienserkloster wurde Mitte des 12. Jahrhunderts vom damaligen Bischof von Armagh gegründet. Nicht einmal 150 Jahre später besaß es bereits 24 Tochterklöster – darunter auch Bective Abbey. Einer der Höhepunkte der Baulichkeiten ist dieses auf achteckigem Grundriss errichtete Lavabo (Brunnenhaus). Es stammt aus dem 14. Jahrhundert und besaß fließendes Wasser.

Bective Abbey.
Auch der schöne Kreuzgang von Bective Abbey spiegelt das Zeitgefühl und das künstlerische Empfinden des 15. Jahrhunderts wider. Aufgelöst und zu einem Herrensitz umgewandelt wurde das Kloster im Jahre 1536.

Kleine Bilder,
von oben nach unten:
Auf den Friedhöfen von Kilmessan, Kells, Dublin und Conmacnoise
Bilder aus dem Reich der Toten. Ob in Kilmessan oder auf dem Glasnevin Cemetery in Dublin – auf den irischen Gottesackern ist das Aufgebot an Engeln nicht gering. Immerhin haben sich bereits die frühen Heiligen auf diese geheimnisvollen Flügelwesen berufen beziehungsweise ihrer Unterstützung versichert. Seit dem Mittelalter hat sich die Lehrmeinung durchgesetzt, dass die Engel in einer strengen Hierarchie leben. In dieser hat auch jene Abteilung ihren Platz, deren Aufgabe darin besteht, die Seelen in Abrahams Schoß zu tragen. Übrigens: Noch in der zweiten Hälfte des 19. Jahrhunderts ließ sich an einer deutschen Universität ein Theologe in seiner Doktorarbeit darüber aus, wie viele Engel auf einer Kirchturmspitze Platz finden.

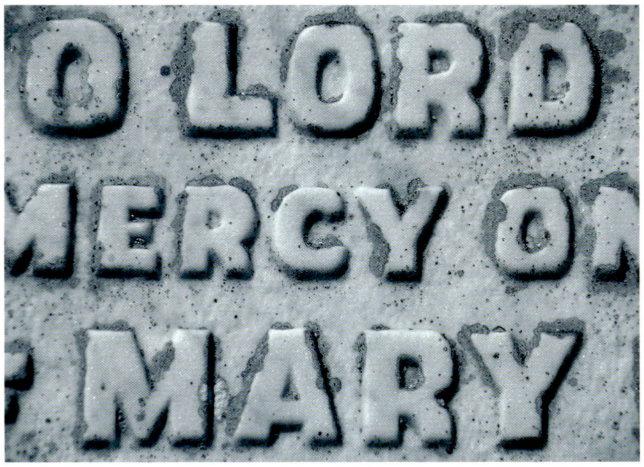

Großes Bild rechts:
Clonmacnoise.
Nachdem Diarmaid mac Cerbhail, der rechtmäßige Anwärter auf den Thron des Hochkönigs, von seinem Verwandten ausgebootet worden war und sich auf der Flucht befand, half er, trotz der Warnung seines Druiden, dem heiligen Ciarán bei der Grundsteinlegung, konkret: dem Einschlagen der ersten Pfosten des Klosters dieser Anlage. Dafür prophezeite ihm der heilige Mann die baldige Machtübernahme – was auch geschah. Die Gründungssage ist auf dem so genannten Bibelkreuz verewigt.

Glamour und Verfall –
Schlösser und Ruinen

Glamour und Verfall – Schlösser und Ruinen

Durch Irland zu reisen, ohne auf ein Castle zu stoßen, ist schlichtweg unmöglich. Immerhin hat es schon zu Zeiten der Hochkönige mehr als 150 Clanführer gegeben, deren Häuser mit der Zeit immer größer und auch wehrhafter wurden. Dass trotzdem viele zu Ruinen verkamen, lag einerseits an den internen Auseinandersetzungen, andererseits an den Briten. Vor allem Cromwell kann den traurigen Ruhm für sich in Anspruch nehmen, besonders viele Tower Houses in Schutt und Asche gelegt zu haben.

Von den verschiedenen Strategien, Leben und Besitz zu erhalten, hat sich Máire Rua für eine ziemlich ungewöhnliche entschieden. Ehelichte sie doch – gleich nachdem ihr Gatte, der Erbauer von Leamaneh Castle, im Kampf gefallen war – einen der feindlichen Offiziere. So konnte sie nicht nur ihre, sondern auch die Zukunft ihres kleinen Sohnes sichern – und die Ruine erscheint heute in einem noch romantischeren Licht.

Rund 250 Jahre später ging der alte Festungsturm von Dun Laoghaire sogar in die Weltliteratur ein. Vorausgegangen war ein Besuch James Joyces bei den mit ihm befreundeten Besitzern, von denen der eine nach einem nächtlichen Alptraum mit der Pistole um sich schoss und dabei nicht nur den Kamin, sondern auch die Bratpfannen über dem Bett traf, in dem der Dichter schlief. Mehr über den Joyce Tower ist im „Ulysses“ nachzulesen.

Nicht weniger unheimlich ist die Geschichte jenes steinernen Hundes, der einst auf den Mauern von Antrim Castle stand und die Angreifer in Angst und Schrecken versetzte, heute aber ein ausgesprochen friedliches Dasein als Gartenplastik führt. Die Legende weiß zu berichten, dass dieses Tier einmal sehr lebendig gewesen ist und dabei nicht nur Lady Marions Leben, sondern auch die gesamte Burg gerettet hat.

Ähnlich anhänglich erwies sich das aus dem 16. Jahrhundert stammende Bild einer flämischen Madonna über dem Kamin des Turmzimmers von Malahide Castle, die die Talbots, sooft diese ihr Schloss verlassen mussten, begleitet und erst mit der Rückkehr der Schlossbesitzer auch ihren Platz im Bild wieder eingenommen hat.

Seite 100/101: ***Malahide Castle.*** *Die Geschichte jenes überaus mobilen Marienbildes, das sich den Talbots, die 1174 von König Heinrich II. das Land übertragen bekommen hatten, in treuer Verbundenheit verpflichtet zeigte und sie auf wundersame Weise begleitete, ist sicherlich nicht die einzige mysteriöse Story, die über dieses Schloss in Umlauf ist, aber die bekannteste.*

Dunguaire Castle. *Das Schloss steht am Ortsrand von Kinvarra an der Galway Bucht. Wie in zahlreichen anderen Herrenhäusern werden hier während der Touristensaison mittelalterliche Bankette veranstaltet. Bei denen geht zwar auch von Geistern die Rede, gezeigt haben sich diese aber, wie aus gut unterrichteten Quellen zu hören ist, bislang noch nicht. Vermutlich ist es ihnen zu laut.*

Rock of Cashel.
Wenn diese Steine reden könnten, hätten sie viel zu erzählen. Von den Königen, die hier vom Ende des 4. bis zum 12. Jahrhundert residierten, aber auch von jenen Wesen, die sich nicht dem Auge und Ohr eines jeden entdecken. Ist es doch vom Rock of Cashel im wahrsten Sinne des Wortes nur ein Katzensprung bis zum Slievenamon, der sich im Südosten über 700 Meter in den Himmel reckt und als ausgesprochenes Andersweltrevier gilt. Unter anderem stammten auch der so überaus musikalische Zwerg namens Criú, der Fionn mac Cumhaills Leuten das Harfenspiel beigebracht hat, und seine Ehefrau Blathnait, die in die Zukunft schauen konnte, von dort. Die beiden waren dem Helden sehr wichtig und gehörten gewissermaßen zu seiner ständigen Begleitung. Wenn das Wetter gar zu schlimm war, ließ er sie sogar unter seinen Mantel schlüpfen.

Seite 104/105:
Dunluce Castle.
Manche Einheimische sind noch immer der Auffassung, dass es sich alles andere als um einen Zufall gehandelt haben kann, sondern eher göttlichem Willen entsprach, dass ausgerechnet jenes Stück Fels, das die Küche – den Ausgangspunkt aller Völlerei also – getragen hatte, 1639 während eines Sturms in die Tiefe stürzte und vom Meer verschlungen wurde.

Rock of Cashel.
Der 60 Meter hohe Felsen bietet einen weiten Blick auf die umliegende Landschaft. Zahlreiche irische Kreuze trotzen hier Wind und Wetter. Das bekannteste Steinmonument, das stark verwitterte St.-Patrick-Kreuz aus dem 12. Jahrhundert, wird jedoch mittlerweile in der Krypta der Hall of the Vicar's Choral aufbewahrt, um es der Nachwelt noch ein wenig länger zu bewahren.

Ross Castle am Lough Leane.
Nachdem des Burgherren grausiges Experiment zur Wiedererlangung seiner Jugend außer Kontrolle geraten war, brach ein Sturm los, der zunächst die Mauern der Burg ins Wanken brachte und dann den Frevler mit sich riss und in den aufgewühlten See zog.

Dunguaire Castle.
Die Treppenhäuser der alten Burgen waren meist in die Türme eingebaut und ziemlich eng. Dabei ging es nicht nur um den Platz, sondern vor allem um die Verteidigung. So konnte man sich eindringender Feinde besser erwehren.

Von Schlossgespenstern
und anderen unheimlichen

Ludwig Tieck, einer der Wegbereiter und führenden Theoretiker der deutschen Romantik, wusste, wovon er sprach. Selbst *„die schönste Gegend"*, so seine Erfahrung, hat *„Gespenster, die durch unser Herz schreiten"*. Der beste Beweis dafür ist Irland. Kein Ort nirgendwo, an dem nicht schon einmal ein solches Nachtwesen gesichtet worden ist.

So wie zum Beispiel die weiße Katze von Drumgunniol, die jedes Mal dann auftaucht, wenn sich der Sensenmann ein neues Opfer sucht. Darüber hinaus gibt es noch eine Reihe anderer nicht minder verlässlicher Todesboten. Wie jene Füchse, deren Erscheinen ein untrügliches Zeichen dafür ist, dass einer aus dem Geschlecht der Gormanstons, die fast 600 Jahre lang das nach ihnen benannte Castle im County Meath bewohnten, diese Welt verlassen muss. Den Grund für diese ungewöhnlichen Dienste soll ein Schlossherr geliefert haben, der im 17. Jahrhundert einer Füchsin und ihren Jungen bei einer Treibjagd das Leben gerettet hat. Im Jahre 1907 wurden die geheimnisvollen Tiere – ganz offensichtlich Geistwesen, die selbst die schärfsten Hunde nicht interessierten – zum letzten Mal gesehen.

Das bedeutet jedoch nicht, dass man sich vor jedem Gespenst fürchten muss. Der beste Beweis dafür ist Anthony Raftery (nach 1772–1835), der seine vielbewunderten musischen Talente dadurch erhalten haben will, dass er solchen Geistwesen (einige sprechen von Elfen, andere von Dämonen) zum Tanz aufgespielt und sich als Lohn die Gabe der Dichtkunst ausbedungen hat.

Rechts: ***Dunluce Castle.*** *Nicht alles, was man zu bestimmter Stunde in der Ruine hört und sieht, ist von dieser Welt. So wäre es mehr als töricht und ziemlich gefährlich, ihr Auge oder Ohr zu leihen. Im Gegenteil: In solchen Fällen tut man gut daran, so schnell es geht, das Weite zu suchen.*

Ganz rechts: ***Trim Castle.*** *Irlands größte Befestigungsanlage aus normannischer Zeit beeindruckt nicht nur durch ihre Ausdehnung – sie ist über einen Hektar groß –, sondern vor allem durch ihr romantisches Erscheinungsbild. Als einer der Hauptschauplätze des Mel-Gibson-Kinohits „Braveheart" schrieb sie auch Filmgeschichte. Übrigens: Der Gelbe Turm (Yellow Steeple) jenseits des Flusses gehörte einmal Jonathan Swift, dem Autor von „Gullivers Reisen".*

Erscheinungen

Bei der Lektüre dieser Geschichten fällt auf, dass zuverlässige Aussagen über das konkrete Aussehen von Gespenstern selten sind. Das mag zum Teil der konfusen Verfassung derer geschuldet sein, denen sie sich zeigen. So bildet denn auch die Beschreibung jenes Mannes, der in der Dubliner Aungier Street ein solches Wesen zu Gesicht bekommen hat, eine Ausnahme. Jedenfalls konnte er eine frappierende Ähnlichkeit mit einem Porträt feststellen, das den bösen Richter Horrock zeigte.

Beliebteste Bühne auch für die irischen Gespenster sind die alten Burgen und Schlösser. Deshalb ist ein solches Anwesen ohne irgendeinen noch so kleinen Angst machenden Geist unmöglich. Die unwahrscheinlichste Geschichte hat zweifellos Ross Castle zu bieten. Dort soll nämlich jedes Jahr am 1. Mai, seinem Todestag, der ehemalige Schlossherr aus dem Wasser des Lough Lean emporsteigen. Der Mann, ein berühmter Schwarzkünstler namens O'Donoghue Mor, hatte sich einst von seiner Gattin in Stücke zerschneiden und danach für sieben Wochen in einen Bottich einlegen lassen. Doch anstatt als Kind wiedergeboren zu werden, landete er im Jenseits – was jedoch nicht an ihm, sondern an seiner Frau lag, die bei dem Prozedere schlichtweg die Nerven verloren hat. Ähnlich kopflos verhielten sich übrigens die Verteidiger der Burg, als sie sich im Jahre 1652 kampflos Cromwells Truppen ergaben, die Ross Castle von einem Boot aus beschossen. Glaubten sie doch eine alte Prophezeiung erfüllt, nach der die Burg nur vom See aus eingenommen werden könne.

Ganz links:
Normannisches Castle bei Clonmacnoise.
Die reiche Klosterstadt Clonmacnoise zog Plünderer förmlich an. So legten die „Nordmänner" im Jahre 1179 über 100 Gebäude in Schutt und Asche. Die Normannen waren es auch, die in unmittelbarer Nähe der Anlage eine Burg errichteten, deren Überreste auch heute noch auf dem kleinen Hügel über dem Shannon thronen.

Links:
Dunluce Castle.
William Butler Yeats war sich sicher, dass die Zeit, „in der die stärkere Macht bei den Kräften liegt, die die Seele favorisieren", ihrem endgültigen Ende zugeht und prophezeite: „In dem Maße, in dem das Leben immer geordneter und bewusster verläuft, weicht die Welt des Übernatürlichen."

Liebesglück und Liebesleid

Während prosaische Naturen dieses Herz als eine Laune der Natur abtun mögen, besteht für die Empfindsamen nicht der geringste Zweifel, dass dies kein Zufall sein kann, sondern eine Botschaft ist, die vermutlich sogar vom allmächtigen Lug selbst, dem Vater aller Künste, ausgesandt wurde.

Bunratty Castle. *„Was die kleine Virginia anbetraf, so war sich das Gespenst noch nicht ganz im reinen. Sie hatte ihn nie in irgendeiner Weise beleidigt und war hübsch und sanft. Einige tiefe Seufzer aus dem Kleiderschrank würden mehr als genug für sie sein, dachte es, und wenn sie davon noch nicht aufwachte, so könnte es ja mit zitternden Fingern an ihrem Bettuch zerren ...“ (Oscar Wilde: „Das Gespenst von Canterville“)*

Ich hörte nach Mondzauber mich um. / Dreimal wusch ich im Fluß meine Höschen / zu günstiger Stunde. / Ich nahm Horn von Finger und Fuß / und streut' es ins Feuer, / hieb mich mit Weidenruten auf meinen Hintern, / trank das Gelbe / von fauligen Eiern. / Ich kreuzigte eine Fledermaus, / selbst das brachte mir keine Freier ins Haus. / Flachs habe ich ausgebreitet, nachts auf der Gasse, / ich trank um Ostern das Blut schwangerer Mäuse. / Im Steinbruch spannte ich Garnfäden aus / vor Tagesanbruch. / Was immer ich tat – mir bracht' es kein Glück ...

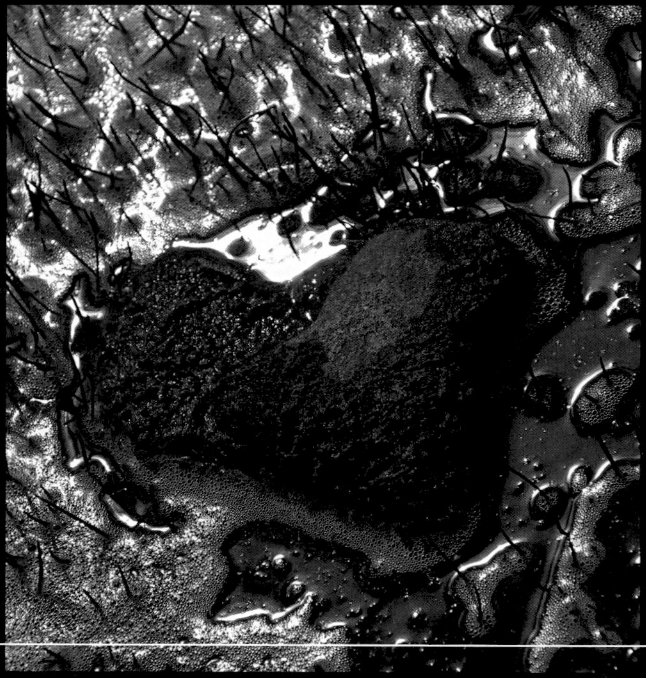

Neulich gab es Erstaunen, daß eine hässliche Geiß – freilich eine Dame / ohne viel Umschweife, / ein Mannsbild abschleppen konnte, / an den Traualtar. / Ich machte mich an sie ran, horchte sie aus. / Jetzt kenne ich ihre Methode. / In der Halloweennacht hat sie auf einem Kreuzweg den alten Göttern ein Opfer gebracht / und bekam von der wilden Schar ein Mittel, / das heiß macht den kühlsten Junggesellen ...

... heißt es in Brian Merrimans Dichtung „Das Mitternachtsgericht“, die von Frederik Hetmann ins Deutsche übertragen wurde.

Mag sein, dass jener Lord Belfield, der 1740 am Lough Ennell Belvedere House errichten ließ, nichts von solchen magischen Verrichtungen gehalten, sondern nur seiner Männlichkeit vertraut hat. Um so größer muss die Ernüchterung gewesen sein, als er bemerkte, dass seine Gattin selbige ziemlich gering schätzte und es statt-

dessen vorzog, sich in dieser Angelegenheit an seinen Bruder Arthur zu halten. Das wiederum veranlasste den Gehörnten, alle beide hinter Gitter zu setzen. Was immer auch Frau und Bruder ihm angetan haben, der Verdacht ist nicht abwegig, dass der gute Lord nicht ganz richtig im Kopf gewesen ist. Dafür spricht die Errichtung der „Jealous Wall", eine Mauer also, die seinem in der Nachbarschaft wohnenden anderen Bruder den Blick auf Belvedere House beziehungsweise in dessen Räume verwehren sollte. Man findet den Schauplatz dieser herrlichen Tragikomödie in der Nähe des Landstädtchens Mullingar.

Zumindest auf den ersten Blick hat es den Anschein, als ob Gráinne O'Malley (um 1530–1603) weniger der Magie, sondern eher der eigenen Kraft vertraut hat. Verdiente sie sich doch ihr Geld und ihre Meriten – keine andere historische Frauengestalt der Insel wurde so oft besungen und bedichtet wie sie – als Chefin einer Seeräuberflotte, die 20 Schiffe und 6000 Matrosen zählte. Mit 15 Jahren bereits an den ersten Mann gebracht, lehrte sie den schon bald, wer die Hosen anhatte. Und ihren zweiten soll sie nur deshalb geehelicht haben, um an seinen Besitz zu gelangen. Jedenfalls hat sie ihn schon nach kurzer Zeit in die Wüste geschickt, das heißt, von Rockfleet Castle entfernen lassen. 1593 traf sich Gráinne sogar mit Königin Elisabeth I. und erwirkte von der Monarchin die Freilassung ihrer beiden Söhne aus englischer Haft.

Und spätestens hier kommt doch die Zauberei ins Spiel. Wodurch sonst, fragte sich das Volk, wenn nicht durch die Hilfe der Anderswelt, hat sich diese Frau so behaupten können? – Wer weiß ...

Auf dem Glasnevin Cemetery in Dublin.
Man weiß es: Auch steinerne Engel können Trost spenden. Und wenn sie ein Blümlein in Händen tragen wie dieser, erst recht.

Das Symbol der ineinander verschlungenen Hände ist auf irischen Friedhöfen ziemlich häufig. Darüber hinaus findet man es auch, in ganz anderer Bedeutung, auf den berühmten Claddagh-Ringen, wo die Hände ein gekröntes Herz halten. Diejenigen, die bereits einen Partner besaßen, trugen den Ring so, dass das Herz in Richtung der Hand zeigte. Und bei denen, die noch suchten, war es genau umgekehrt. So konnte jedermann sehen, wie es um sie stand.

Monea Castle. *Das nahe Enniskillen und dem Lough Erne, also in Nordirland, gelegene Castle datiert vom Beginn des 17. Jahrhunderts. Bauherr war Malcolm Hamilton, der offenbar – zumindest was die Türme betraf – das Bild schottischer Schlösser vor Augen gehabt hat. Die heutigen Ruinen sind das Ergebnis eines verheerenden Brandes im 18. Jahrhundert. Hamilton stieg später zu einem der höchsten kirchlichen Würdenträger des Landes auf.*

Dunguaire Castle.
Normannisches Castle
bei Clonmacnoise.
Der erste Tag im Mai und vor allem die Nacht davor – bei uns mit der heiligen Walpurga in Verbindung gebracht – gilt auch in Irland als besonders gefährlich. Weiß man doch, dass dann die Geister und andere Wesen aus der jenseitigen Welt Macht und Neigung verspüren, Unheil anzurichten. Und zwar auch diejenigen, die ansonsten eher als gutmütig gelten. So wäre es mehr als töricht, sich ausgerechnet zu diesem Zeitpunkt an einem von diesen Wesen so bevorzugten Ort wie einer Ruine aufzuhalten.

Trim Castle.
Auch in Irland gilt: Eine Treppe hinaufzufallen bedeutet Glück. Darunter pflegen sich allerdings gern diverse Hausgeister aufzuhalten. Denn hier finden sie die Dunkelheit, die sie so mögen. Zur Unterscheidung: Der Typ mit der roten Mütze und blauen Strümpfen kann nur der Cluricaune sein, während es sich bei einem pfeiferauchenden Elfen ebenso gewiss um den Ganconer handelt.

Rechte Seite:
Leamaneh Castle.
Zunächst stand hier nur ein Towerhaus aus dem 15. Jahrhundert, dem im 17. Jahrhundert noch ein Herrenhaus im Tudorstil angebaut wurde. Und zwar von dem Gatten jener Máire Rua, die sich nach dem Tod ihres Mannes durch Entschlossenheit und Tatkraft einen Namen gemacht hat. So ging sie sogar, um ihren Besitz zu erhalten, eine Ehe mit einem cromwellschen Offizier ein.

Powerscourt Gardens.
Die Gartenarchitektur entstammt den verschiedensten Zeiten und Mythologien. Man findet hier nicht nur Könige und Heilige, sondern auch Dämonen und Teufel. – Engel natürlich ebenso und jeder von ihnen birgt ein Geheimnis. Ob und in welchem Maße sie es preisgeben, hängt letztlich von den Besuchern selbst ab.

Powerscourt Gardens.
Die weiträumige Anlage umfasst verschiedene Gärten sowie einen großen Landschaftspark nebst Rotwildgehege und den höchsten Wasserfall des Landes. Hier geraten nicht nur Naturfreunde und Blumenliebhaber ins Schwärmen, sondern all jene, die gern ihrer Fantasie freien Lauf lassen. Entdecken sich ihnen doch nicht nur Elfen, sondern auch noch andere Wesen aus der jenseitigen Welt. So ist zum Beispiel ganz offensichtlich, dass die Frösche im Teich mehr und anders sind, als sie scheinen.

Muckross House. *Die Besitzer dieses prächtigen Herrenhauses machten ihr Geld vor allem durch den Kupferbergbau. Dabei half ihnen – als Geologe – ein gewisser Rudolf Erich Raspe, der nach seinem Tod im Jahre 1794 auf dem benachbarten Killegy Cemetery beigesetzt wurde. Heute vergessen, war er zu seinen Lebzeiten eine in ganz Europa bekannte, überaus schillernde Persönlichkeit. Genie, er galt als einer der letzten Universalgelehrten, und Hochstapler zugleich, musste Raspe nach einem spektakulären Münzdiebstahl nach England (und Irland) fliehen, wo er – anonym – die berühmten Lügengeschichten des Baron Münchhausen zu Papier gebracht und sich einen Ehrenplatz in der deutschen Literaturgeschichte gesichert hat.*

Kylemore Abbey.
Erbauer des ursprünglich als Landsitz genutzten Gebäudes war der englische Kaufmann Mitchell Henry. Nach dem Tode seiner Gattin ließ er die Anlage um eine prächtige Kirche im Stile der alten gotischen Kathedralen erweitern, die die Erinnerung an sie über die Zeiten bewahrt. Heute ist Kylemore Abbey im Besitz irischer Benediktinerinnen.

Zu guter Letzt – Ein Wunder

Zugegeben – der junge Thronerbe war von Anfang an ein wenig seltsam. So beobachtete man ihn, wie er seine warmen Lippen auf die Marmorstirn einer antiken Statue presste. Oder wie er die ganze Nacht damit verbrachte, die Wirkung des Mondlichtes auf ein silbernes Standbild des Endymion zu studieren. Und dann hatte er noch jene drei merkwürdigen Träume, in denen arme, rechtlose Leute – Weber, Perlentaucher und nach Edelstein grabende Bergleute – vorkamen. Und dazu die Habsucht und der Tod.

Rechts: ***Kilmacduagh Abbey****. Während von der Verglasung des Fensters nichts mehr übrig ist, hat das steinerne Maßwerk dem Anprall der Zeiten und Mächte standgehalten und zeigt sich wie ehedem in seiner ganzen Schönheit.*

Ganz rechts: ***Timoleague Abbey****. Nachdem die Mönche Mitte des 17. Jahrhunderts vertrieben worden waren, begannen die Gebäude zu verfallen. Inzwischen hat sich die Natur Schritt für Schritt ihren Besitz zurückgeholt. Und die Blumen und Pflanzen auf der Wiese stehen mit den steinernen im Wettstreit.*

Danach schockierte er den Hof noch mehr. Weigerte sich gar, die extra für seine Krönung gefertigten prächtigen Kleider, sowie die Krone und das Zepter zu tragen: *„Denn auf dem Webstuhl der Sorge und mit den weißen Händen des Schmerzes ist dies mein Gewand gewoben. Blut ist im Herzen des Rubinen und im Herzen der Perle ist der Tod.“*

Als Ziegenhirte gekleidet, auf dem Kopf eine Dornenkrone und in der Hand seinen ungestalten Hirtenstab, machte er sich schließlich auf den Weg zur Kathedrale. Begleitet wurde er dabei vom Hohn und Spott des Volkes, dem Unverständnis des Bischofs – *„An deine Träume denk nicht mehr. Die Last dieser Welt ist zu groß für einen Menschen, um sie zu tragen, und das Leid der Welt zu schwer für ein Herz, um es zu dulden“* – und dem Hass der Edelleute, die ihm ans Leben wollten.

Doch der junge König ließ sich nicht beirren. Im Gotteshaus angekommen, neigte er den Kopf und begann zu beten.

Und siehe! Durch die gemalten Fenster kam das Sonnenlicht und umströmte ihn; und die Strahlen der Sonne woben um ihn ein Gewand, das noch herrlicher war als jenes, das ihm zur Lust geschaffen wurde. Der tote Stab blühte auf und trug Lilien, weißer als Perlen. Der trockene Dorn blühte auf und trug Rosen, die roter waren als Rubinen. Weißer als schöne Perlen waren die Lilien, und ihre Stiele waren aus glänzendem Silber. Roter als Rubinen waren die Rosen, und ihre Blätter waren aus getriebenem Gold. Er stand da im Gewand eines Königs, und die Flügel des juwelenbesetzten Schreines flogen auf, und von dem Kristall der glänzenden Monstranz strahlte ein herrliches mystisches Licht. Er stand da im Gewand eines Königs, und die Glorie Gottes erfüllte den Raum, und die Heiligen in den geschnitzten Nischen schienen sich zu bewegen. In dem stolzen Gewand eines Königs stand er vor ihnen da, und die Orgel schwoll zu dröhnendem Klang, und die Musikanten bliesen ihre Fanfaren und die Sängerknaben sangen.

Und das Volk fiel in Scheu auf die Knie, und die Edlen stießen ihr Schwert in die Scheide und huldigten ihm, und des Bischofs Antlitz wurde bleich und seine Hände zitterten.

„Ein Größerer als ich bin hat dich gekrönt", rief er und kniete vor ihm nieder.

Und der junge König trat hernieder vor dem Hochaltar und ging heim, mitten durch das Volk. Aber niemand wagte, ihm ins Gesicht zu sehen, denn es war wie das Gesicht eines Engels.

Aus: Oscar Wilde „Der junge König"

Ganz links:
Bective Abbey.
Unglück ist über uns gekommen,
über Arme und Reiche,
Starke und Schwache.
Über die Mächtigen, die das
Schwert führen,
und über jene mit dem Pflug.
Und das Kreuz liegt
auf den Schultern eines jeden.
(Verfasser unbekannt)

Links:
Cong Abbey.
„Irland ... hat sich eine Begabung zur Vision bewahrt, die bei hektischeren Völkern ausgestorben ist. Uns konnten keine lichtspendenden Leuchter hindern, ins Dunkel zu blicken, und wenn man ins Dunkle blickt, ist immer etwas drin ..."
(William Butler Yeats)

Bantry House.

1796. Bantry Bay. Wie schon sieben Jahre zuvor, scheiterte auch diesmal ein großangelegtes Kommandounternehmen französischer Schiffe. Diese wollten eigentlich den aufständischen United Irishmen gegen die Briten zur Hilfe kommen. Doch der Wind schlug sich einmal mehr auf die Seite der Protestanten und verhinderte das Anlanden der Franzosen – mit dem Ergebnis, dass Irland im Jahre 1801, also fünf Jahre später, endgültig England einverleibt wurde. Ungeachtet der Rolle des Windes hat es der damalige Eigentümer von Bantry House verstanden, seine Verdienste ins rechte Licht zu setzen und gehörigen Profit daraus zu ziehen. Um diesen historischen Hintergrund sollte man wissen, wenn man die mit Kunstwerken aus ganz Europa vollgestopften Räume des Herrenhauses besichtigt.

In den Gärten des Anwesens kann der Besucher die Seele baumeln lassen beziehungsweise nach Elfen Ausschau halten. Zu diesem Zweck braucht man übrigens nur den Fingerhut zu beobachten. Dieser grüßt nämlich die Wesen aus der anderen Welt, indem er ohne einen für die Menschen erkennbaren Grund plötzlich seinen Stiel zur Erde neigt.

Atlantischer Ozean
SCHOTTLAND
Campbeltown
Malin
Giant's Causeway
Portrush
Dunluce Castle
Gortahork
Millford
Derryveagh Mts.
Coleraine
Limavady
Letter-kenny
London-derry
Bally-money
Antrim Mts.
Rossbeg Strand
Maas
Strabane
Ballymena
Larne
Glencolumbkille
Killybegs
Donegal
Beaghmere Stone Circles
Ballyclare
Newtown-abbey
Donegal Bay
Omagh
Cooks-town
Lough Neagh
Bangor
Creevykeel Court Tomb
Boa Island
Lower Lough Erne
NORDIRLAND
Belfast
Newtownards
Belmullet
Belderrig
Ceide Fields
Downpatrick Head
Drumcliff Cemetery
Monea Castle
Lisburn
Sligo
Portadown
Bangor
Killala
Enniskillen
Navan Fort
Armagh
Carrowmore
Ballina
Monaghan
Banbridge
Downpatrick
Achill I.
Keel
Charles-town
Newry
Newport
Boyle
Westport
Castlebar
Cavan
Dundalk
REPUBLIK IRLAND
Claremorris
Kylemore Abbey
Lough Mask
Monasterboice
Longford
Hill of Slane
Clifden
Roscommon
Loughcrew Cairns
Kells
Drogheda
Cong Abbey
Tuam
Navan
Newgrange
Connemara
Lough Corrib
Lough Ree
Bective Abbey
Hill of Tara
Carna
Screeb
Mullingar
Trim Castle
Kilmessan Cemetery
Stamullen Cemetery
Athlone
Spiddle
Galway
Ballinasloe
Malahide Castle
Kilcock
Clonmacnoise
Galway Bay
Kilronan
Dunguaire Castel
Loughrea
Tullamore
Clondalkin
Dublin
Aran Islands
Poulnabrone Dolmen
Kilmacduagh Abbey
Powerscourt Gardens
Naas
Kilfenora Cathedral
Newbridge
Bray
Cliffs of Moher
Leamaneh Castle
Birr
Lough Derg
Dysert O'Dea
Port Laoise
Wicklow Mts.
Wicklow Gap
Roscrea
Glendalough
Ennis
Quin Abbey
Nenagh
Wicklow
Bunratty Castle
Carlow
Kilrush
Limerick
Arklow
Mouth of the Shannon
Shannon
Thurles
Listowel
Newcastle West
Kilkenny
Rock of Cashel
Cashel
Ardfert Cathedral
Jerpoint Abbey
Gallarus Oratory
Tralee
Enniscorthy
Beehive Huts
Slea Head
Dunbeg Pro-montory Fort
Castleisland
Cahir
Clonmel
Carrick-on-Suir
New Ross
Dingle Bay
Killorglin
Wexford
Ross Behy Strand
Ross Castle
Killarney
Mallow
Waterford
Dundormick
Rosslare Harbour
Lough Leane
Ring of Kerry
Muckross House
Ladies View
Torc Falls
Dungarvan
Waterville
Sneem
Macroom
Cork
Youghal
Kenmare River
Glengarriff
Cobh
Beara Peninsula
Bantry
Bantry House
Kinsale
Bantry Bay
Timoleague Abbey
Skibbereen
Drombeg Stone Circle
Saint George's Kanal
Irische See

*Nur wer sich selbst überwindet,
überwindet auch andere;
nur wer sich selber Freund ist,
liebt auch seinen Nächsten;
nur wer selber Herz zeigt,
kann ein fremdes erobern;
Und: Nur wer selber ein Herz hat,
kann es verlieren.
(Verfasser unbekannt)*

Impressum

Buchgestaltung:
hoyerdesign grafik gmbh, Freiburg

Karte:
Fischer Kartografie, Aichach

Printed in Germany
Repro: Artilitho, Lavis-Trento, Italien
Druck und Verarbeitung: Offizin Andersen Nexö, Leipzig

ISBN 978-3-8003-1748-6

Unser gesamtes Programm finden Sie unter:
www.verlagshaus.com

Fotografen

Tina und **Horst Herzig** leben in Bensheim und sind als freischaffende Fotografen und Designer tätig. Im Verlagshaus Würzburg sind von ihnen unter anderem Bildbände über Frankreich, Dänemark, England und Sachsen erschienen.

Autor

Ernst-Otto Luthardt, lebt und arbeitet in Franken. Im Verlagshaus Würzburg erschienen von ihm unter anderem Bildbände über Kreta, Israel, St. Petersburg, Polen, Norwegen, Finnland, Island und verschiedene deutsche Landschaften.